力量训练

提升速度的科学原理与实践应用

〔英〕詹姆斯·怀尔德 著

杨 涛 审

尹晓峰 译

河南科学技术出版社

·郑州·

备案号：豫著许可备字-2024-A-0032

图书在版编目（CIP）数据

力量训练：提升速度的科学原理与实践应用 /（英）詹姆斯·怀尔德（James Wild）著；尹晓峰译. —郑州：河南科学技术出版社，2024.3

ISBN 978-7-5725-1234-6

Ⅰ.①力⋯ Ⅱ.①詹⋯ ②尹⋯ Ⅲ.①力量训练 Ⅳ.①G808.14

中国国家版本馆CIP数据核字（2023）第113981号

出版发行：河南科学技术出版社
　　　　　地址：　郑州市郑东新区祥盛街27号　　邮编：　450016
　　　　　电话：　（0371）65788858　　65788110
　　　　　网址：　www.hnstp.cn
策划编辑：李　林
责任编辑：张　培
责任校对：牛艳春
封面设计：张　伟
责任印制：徐海东
印　　刷：河南华彩实业有限公司
经　　销：全国新华书店
开　　本：889 mm×1194 mm　1/16　印张：15.5　字数：387千字
版　　次：2024 年3月第1版　　2024年3月第1次印刷
定　　价：78.00元

如发现印、装质量问题，影响阅读，请与出版社联系并调换。

在柏林举行的2009年世界田径锦标赛男子100米决赛中，大约有9500万电视观众收看了尤塞恩·博尔特（Usain Bolt）的比赛。博尔特没有让观众失望，他以9.58秒的成绩成功刷新了上一年度由自己保持的世界纪录。回顾那一年，只有3项体育赛事的收视率位居前列，而由于博尔特的出现而吸引到的观众数量，比温布尔登男子网球单打决赛的观看人数多出600万，比美国高尔夫大师赛最后决赛日的观看人数高出4600万。

博尔特吸引全球亿万观众的能力，正是所有业余和精英运动员的共同愿望：终极目标都是想变得更快。在运动领域中，0.01秒的差距就可以左右胜负，冲刺速度不仅能够让对手为之胆寒，同时也会激发世界各国民众的想象力。出于对速度的迷恋，很多人开始对一些冠以最新"速度训练"的方法趋之若鹜，然而它们大多是缺乏科学依据和逻辑的噱头而已，那些浮夸的训练方式通常并不能达到预期的效果。运动员们通常会将进步缓慢的原因归咎于冲刺基因不协调。毫无疑问，遗传的确在很大程度上决定了一个人的跑动速度（以下简称跑速），但是任何人都可以通过正确的训练变得更快。如果基因是影响跑速的唯一要素，那么世界顶尖短跑运动员为何还要无休止地进行冲刺练习或是举重训练呢？

探究影响运动的深层原因对于更好地理解运动员在速度提升时采用的训练方法至关重要。从本质上讲，力的推拉作用是物体运动的原因，它也决定了人体运动时的变化。在理解力对人体快速运动的影响时，艾萨克·牛顿（Isaac Newton）爵士的第二运动定律提供了宝贵的见解：

$$力 = 质量 \times 加速度$$

该公式提出之初似乎并没有什么影响力，可能还会让人感到相当困惑。然而很快，牛顿爵士的贡献就变得越发清晰起来，他为全世界的运动科学家和教练员的工作奠定了基础。质量是指物体在没有重力的情况下的重量。因为重力（把我们拉向地球的力）永远存在于地球之上，并且始终保持恒定，因此从这个层面上可以认为人体的质量即人体的重量。加速度是速度的变化。简单来说，速度是指在既定方向上的速率（译者注：在力学中，速度和速率有着精确的不同含义。速度是矢量，指运动物体在某一个方向上单位时间的位移，既有大小又有方向。速率是标量，指速度的大小，只有大小没有方向。在一般情况下，它们经常被作为同义词使用）。考虑到这些因素，并假设人体只在一个方向上运动（即直线短跑），牛顿第二运动定律可以简化为如下公式：

$$力 = 体重 \times 速率变化$$

用这个公式反推，就可以得出速率变化的公式：

$$速率变化 = 力 \div 体重$$

通过重新排列，就可以发现以下两种提高人体速率的方式：

①减轻重量的同时施加的力保持不变（或增加）

例如，如果将120牛顿（牛顿是力的单位）的力施加在重达100千克的物体上，那么该物体移动的速率变化可以计算如下：

$$120 \div 100 = 1.2（米/秒）$$

如果施加在物体上的力保持不变（120牛顿），但其重量减为80千克，那么其速率会出现很大程度的提升：

$$120 \div 80 = 1.5（米/秒）$$

②增加施加的力，同时重量保持不变（或减少），也能提高物体速率

例如，根据上述公式，如果施加到物体上的力增加到200牛顿，而其重量保持恒定（80千克），那么其速率也会进一步提高：

$$200 \div 80 = 2.5 \text{（米/秒）}$$

鉴于运动员的体重在比赛期间一般会保持相对不变（并非所有情况都是如此），我们可以观察到增加施加给运动员的力会如何影响他们的运动速度。然而，运动员如何将力量施加到自己的身体之上呢？这可以通过牛顿的第三运动定律来回答：

每一个作用力，都有一个大小相等且方向相反的反作用力。

我们将该运动定律置于以下实际场景中或许更便于理解：

双脚并拢站立，双臂在胸前（胸部高度）伸直，手掌平贴在墙上。然后屈曲肘部，使胸部更靠近墙壁，就像是进入俯卧撑的下降阶段。现在用手推墙，双脚保持不动。

你会发现，身体会朝着与施力方向相反的方向移动，即回到初始位置。由于你不可能把墙壁推倒，因此墙面的反作用力（大小相等的反作用力）会把你推向相反的方向。反作用力不一定都是发生在无法移动的物体上。比如橄榄球比赛中运动员之间的相互冲撞也会产生反作用力。如果对墙壁施加更大的力（更大的推力），你离开墙壁的速度会变得更快，你施加的推力大小也直接影响身体反向移动的速度。

同样的原理也适用于短跑时脚部蹬地的情形。因为脚在触地时，地面不会移动，所以来自地面的一个大小相等的反作用力就会施加到身体上，推动身体腾空而起并进入下一步。施加到地面的外力越大，地面的反作用力也会越大，进而运动速度也将更快（前提是体重保持不变）。

由于在两步之间（即"腾空"）不可能对地面施加作用力，因此，提升地面的施力策略是构成有效发展冲刺速度能力的训练基石。这就是为什么短跑运动员会花费大量的时间在跑道上完善他们的技术，以便在正确的时间和方向上正确地运用力量。这也解释了为什么运动员把力量训练作为速度训练计划中重要的组成部分，并竭尽所能增加地面的反作用力。

然而，力量训练的方法众多，人们有时很难知道从哪里开始，以及该如何进行，因为施加于地面的力并不是决定速度的唯一要素。此外，一位选手为提高跑速所进行的力量训练可能并不适用于其他人。本书旨在为教练员、运动员、学生，以及任何想要为提升速度而设计力量训练计划的人士提供具有科学研究和实践经验支撑、逻辑清晰、循序渐进的方案。

第一章"短跑解剖学和生理学"，详细介绍了与短跑相关的解剖学和生理学基础。这些信息非常重要，有助于理解短跑中身体运行的方式，以及力量训练带来的、最终体现在地面作用力有效表达上的生理适应的重要性。已经具备相关解剖学和生理学知识的读者，可直接阅读本书的第二章。

第二章"力量训练术语和适应"，讲述的是与力量训练相关的术语及对力量训练的适应，正是这些适应主导着力量训练方案的设计。人体会对刺激（如力量训练）作出反应，经过一段时间的恢复后，会发生结构和功能的变化，令今后的运动表现更好。要让这一切发生，就需要将身体置于应激之下，然后通过一段时间恢复和适应。应激和恢复之间的正确平衡是适应过程的关键。

第三章"短跑的生物力学机制"，讨论了构建力量训练计划时的另一个关键因素。通过了解运动员如何进行短跑，以及是何种原因使他们按某种方式运动，或许能找到个人在最大程度发掘速度潜能方面的障碍。在短跑的加速阶段，这些限制因素可能会影响最大速度的提升，同时也可能制约最大速度的表现。这方面的知识有助于让教练员和运动员更好地规划力量训练，并最大限度地将力量训练的成效转化为不同阶段的短跑表现。

第四章"个人训练课程的设计"，主要涉及个人力量训练计划的实际构建。无论运动员是何种水平，或处于何种训练阶段，在不同力量素质训练课程设计中都详细地给出了很多不同的训练变量。本章最后给出了一些训练课程计划示例，旨在帮助初级、中级和高级水平的运动员发展最大速度时，增强不同的力量素质。

第五章"周期"，对前几章的内容进行了整合，围绕全年/整个赛季的训练主题进行规划。短期的单一训练课程计划往往缺乏有效性，只有将其细分至数周、数月及数年的训练才会发挥作用。长期计划是挖掘速度潜能的关键，如果没有一个结构良好的长期计划，那么这种潜能的开发将无从谈起。

第六章"练习库"，有大量关于力量训练的可视化练习集。每项练习都配有关键的教学要点说明，这里囊括了大量的练习清单，运动员或教练员可以从中选择合适内容以组成自己的力量训练计划。所有练习根据最佳力量素质发展类型及短跑动作的动力学特征进行了分类。

附录部分的"训练计划示例"，列出了在一般准备期和专项准备期进行力量训练的多种形式，并针对初级运动员、中级运动员和高级运动员等列出了不同的训练内容，每周训练的频次和内容也有区别。

尽管力量训练在提升速度方面只能发挥部分作用，却仍然非常重要。技术训练及短跑本身是迄今为止提高短跑速度的最佳途径，而力量训练则可以强化这一过程。此外，只进行技术训练是不够的，兼具力量训练的技术训练才能提高技术水平。没有循序渐进、结构良好且富有针对性的力量训练，就无法发掘身体和速度的潜能。然而，将力量训练纳入运动员的总体计划通常是通过猜测来完成的，而且其作用常常被误解。作者希望通过这本书将他多年来在这一领域进行的研究和执教经验分享给每一位读者。

目　录

第一章

短跑解剖学和生理学

　　人体是由多种不同的系统组成的，这些系统之间的协同工作使大量的运动和身体活动得以进行，因此，了解与这些系统相关的基本解剖学和生理学知识十分重要。它可以帮助我们理解身体在短跑过程中的运转方式和力量训练产生的生理适应。

骨骼解剖学和运动术语

解剖学术语

解剖学姿势是解剖学和生理学描述许多术语的起点，是指身体直立，两只手臂置于身体两侧，掌心向前的姿势。整个身体的结构通常由它们相对于身体中心线（从头到双脚之间的虚线）的位置进行描述，如图1.1所示：

- **前部**——位于中心线之前
- **后部**——位于中心线之后
- **外侧**——远离中心线
- **中心**——靠近中心线
- **表层**——某一结构的上面
- **内层**——某一结构的下面
- **下面**——在……之下

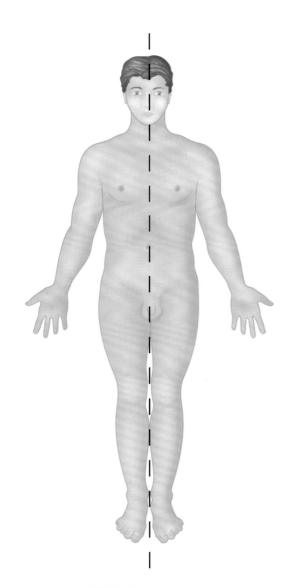

图1.1　解剖学姿势

骨骼

　　人体的骨结构大约由206块骨骼组成，附着在骨骼上面的肌肉拉动这些"机械杠杆"产生运动。图1.2显示了构成人体骨结构的主要骨骼。

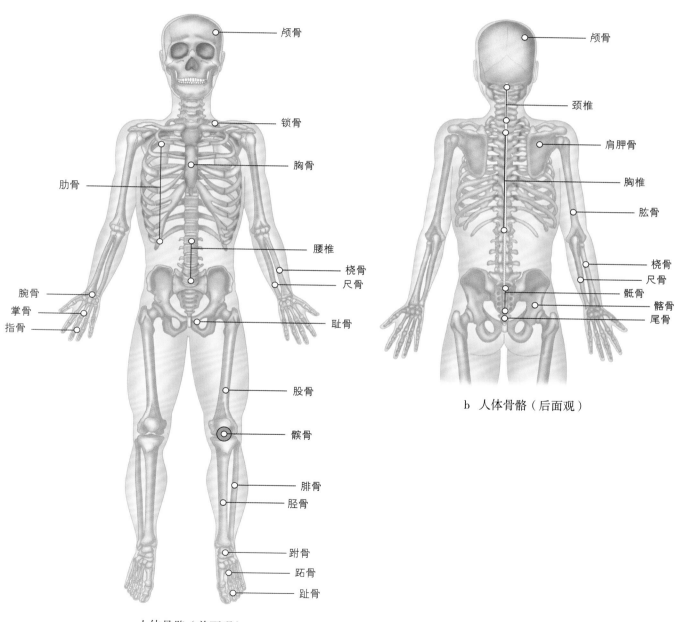

a　人体骨骼（前面观）

b　人体骨骼（后面观）

图1.2　人体骨骼

关节

两块或多根骨骼交会的地方会形成一个关节。由于关节的构造是和运动相适应的，所以了解每个关节部位的运动和用于描述这些运动的术语对于理解短跑力学必不可少。用于描述关节运动的通用术语和一些仅涉及身体某些关节运动的特定术语有很多。图1.3列举了人体骨骼主要关节运动术语。

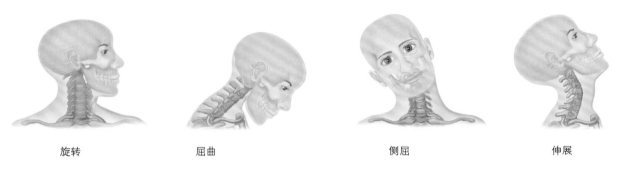

| 旋转 | 屈曲 | 侧屈 | 伸展 |

a　颈部动作

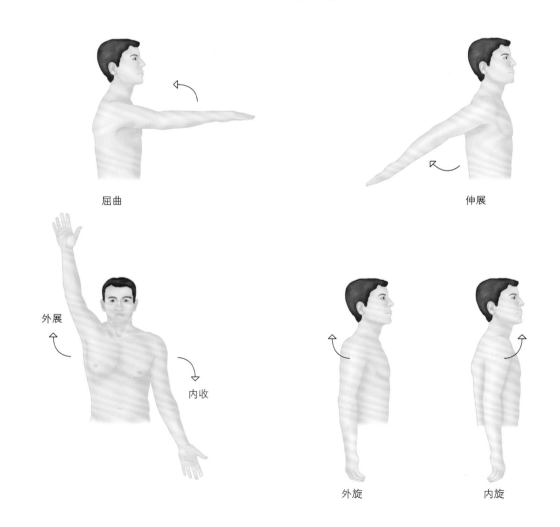

屈曲　　　　　　　　　　伸展

外展　　内收

外旋　　内旋

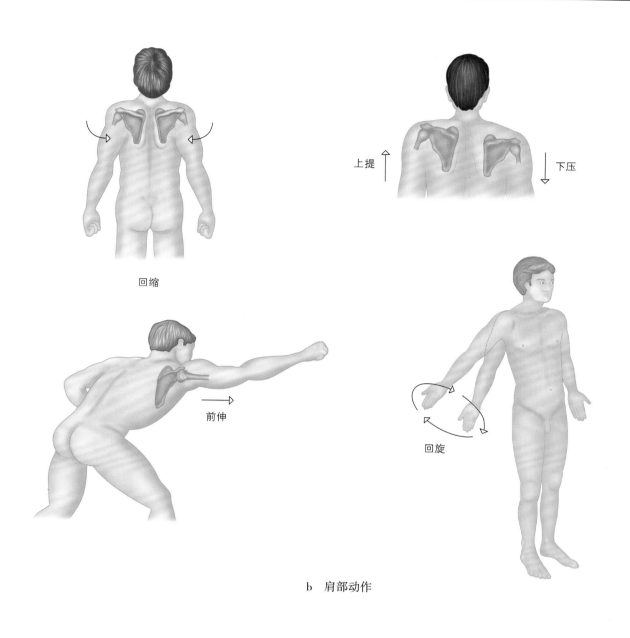

回缩

上提　下压

前伸

回旋

b　肩部动作

伸展

屈曲

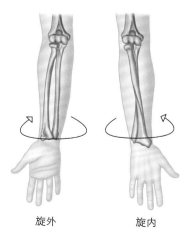

旋外　　旋内

c　肘部动作

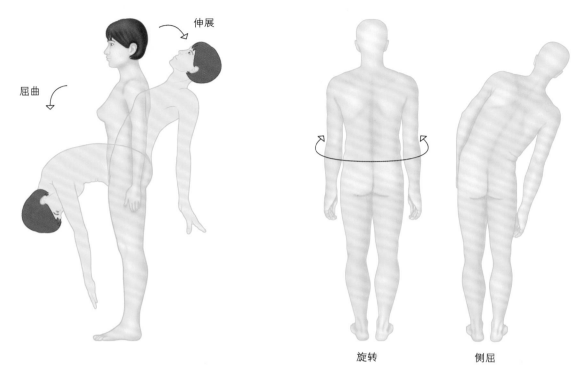

d   躯干动作

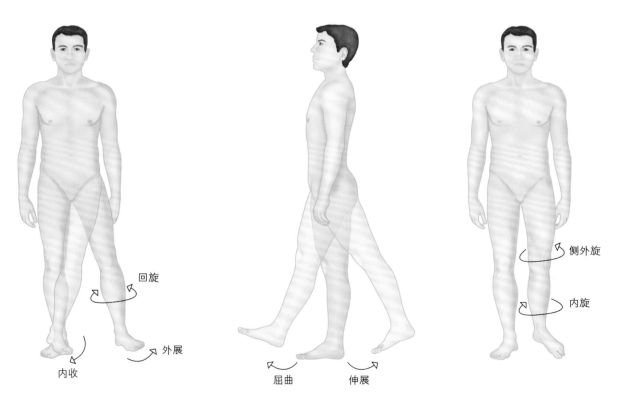

e   髋部动作

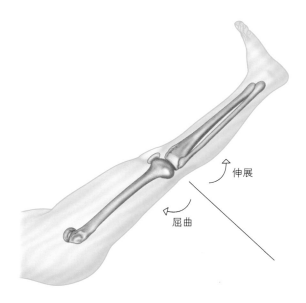

f　膝部动作

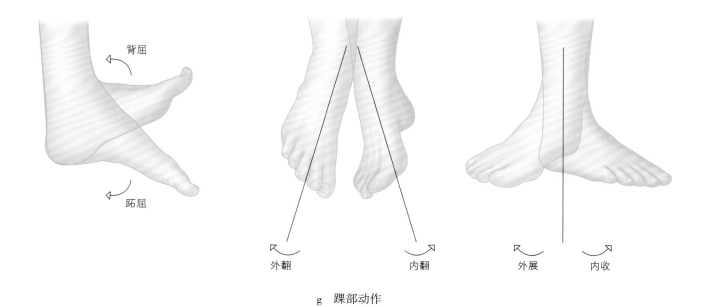

g　踝部动作

图1.3　人体骨骼主要关节运动术语

神经肌肉系统

肌肉和纤维类型

人体的骨骼肌超过630块，它们在运动中发挥着重要的作用。图1.4显示了人体的主要骨骼肌。

骨骼肌由可收缩细胞组成。可收缩细胞也称为肌纤维。肌肉由具有不同收缩特性的肌纤维混合组成。例如，Ⅰ型肌纤维被称为慢肌纤维。与其他类型的肌纤维相比，它们收缩速度相对较慢，产生力量较小（Bottinelli et al., 1996；Larsson et al., 1993），但比快肌纤维更能耐受疲劳。快肌纤维（Ⅱ型肌纤维）的特点是收缩速度较快，产生的力量较大，但抗疲劳能力较弱（Bottinelli et al., 1996；Larsson et al., 1993）。Ⅱ型肌纤维可分为ⅡA型和ⅡX型（通常也称为ⅡB型）肌纤维。ⅡA型肌纤维的收缩速度和力量介于ⅡX型和Ⅰ型之间，它与Ⅰ型肌纤维相比，抗疲劳能力较弱。ⅡX型肌纤维的收缩速度最快、力量最大，但抗疲劳能力最弱（Bottinelli et al., 1996；Larsson et al., 1993）。

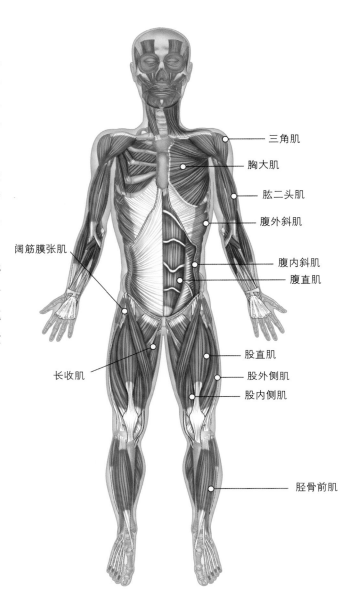

三角肌
胸大肌
肱二头肌
腹外斜肌
阔筋膜张肌
腹内斜肌
腹直肌
股直肌
股外侧肌
股内侧肌
长收肌
胫骨前肌

a　人体骨骼肌（前面观）

一方面，肌肉中慢肌纤维与快肌纤维的比例通常是由肌肉的日常作用决定的。例如，颈部肌肉在保持头部姿势方面起很大作用，因此具有较高比例的慢肌纤维。相反，在短跑等活动过程中，腓肠肌需要产生较大、较快的收缩力，因此它拥有较高比例的快肌纤维。另一方面，遗传学在个体的纤维类型分布中发挥着重要作用。因此，短跑运动员通常比长跑运动员拥有更多的 ⅡX 型肌纤维（Costill et al.，1976；Sadoyama et al.，1988），而 Ⅰ 型肌纤维的情况则正好相反（Costill et al.，1976）。虽然运动员的肌纤维类型组成有一部分由先天遗传决定，但有证据表明，训练也会影响肌纤维及其类型（参见第二章"力量训练术语和适应"）。

力量训练也能影响肌纤维的排列。根据肌肉的不同，肌纤维可以有多种排列方式，它们通常被描述为与肌肉结构有关的"梭状肌"或"羽状肌"。梭状肌的肌纤维平行于肌肉的牵拉方向排列，而羽状肌的肌纤维则以倾斜的角度排列（图1.5）。

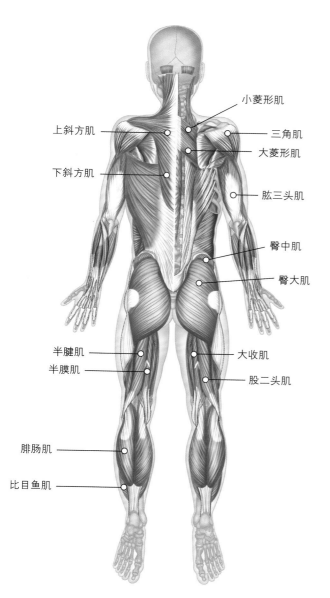

小菱形肌
上斜方肌
三角肌
大菱形肌
下斜方肌
肱三头肌
臀中肌
臀大肌
半腱肌
大收肌
半膜肌
股二头肌
腓肠肌
比目鱼肌

b　人体骨骼肌（后面观）

图1.4　人体骨骼肌

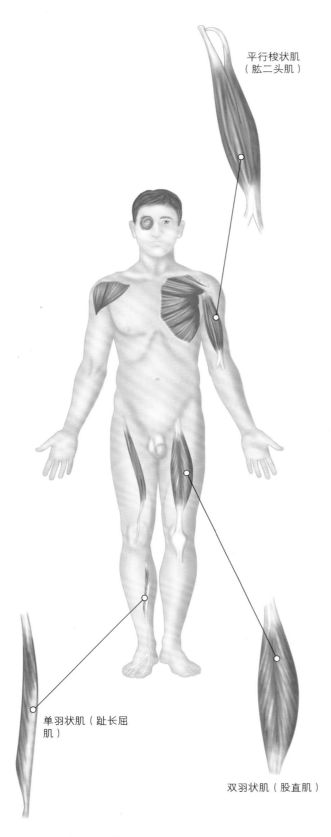

平行梭状肌
（肱二头肌）

单羽状肌（趾长屈
肌）

双羽状肌（股直肌）

图1.5　肌纤维排列

这些不同的肌纤维排列方式对力的产生具有重要意义。在梭状肌中，纤维的平行排列会直接在肌腱处产生力，从而使肌肉快速收缩。与同样长度和同等纤维数量的梭状肌相比，羽状肌的纤维角度降低了肌肉收缩速度和力量输出。这是因为羽状肌的肌纤维与肌肉"拉力"方向呈一定夹角，因此，每条肌纤维所产生的力只有一部分会沿着力的生成轴线传导。由于纤维的定向作用，与同样长度的梭状肌相比，羽状肌中可以聚集更多的肌纤维，因此能够产生更大的力。从本质上讲，纤维的数量增加将导致生理横断面的面积增加，这有利于产生更大的力，从而弥补羽状肌由于纤维角度而造成的力量损失（Liber et al.，2000）。

除了纤维类型和排列方式，纤维和肌肉形态（或横截面积）也与骨骼肌的力量输出有关。肌纤维的增长带来的肌肉维度的增加（增生）可能会增加肌肉收缩能力。

主要骨骼肌的起止点和肌肉运动

头部、颈部的浅层肌和深层肌

肌肉	起点	止点	动作
枕肌	枕骨、颞骨乳突	帽状腱膜	把头皮往后拉
额肌	帽状腱膜	眼鼻上方的筋膜和皮肤	把头皮向前拉
胸锁乳突肌	胸骨头：胸骨上部的前表面 锁骨头：锁骨内1/3	颞骨乳突；枕骨上颈线外侧1/3处	两侧一起收缩：屈颈，前伸头部；在深吸气过程中抬高胸骨，并因此抬高肋骨 一侧收缩：使头部向同侧倾斜，头对着另一侧旋转（同时也向上旋转）
翼外肌	上头：蝶骨大翼的侧面 下头：蝶骨外侧翼外侧板	上头：颞下颌关节囊和关节盘 下头：下颌颈部	突出下颌骨，张嘴，下颌骨左右移动（如咀嚼时）
翼内肌	蝶骨外侧翼内侧板；腭骨锥突；上颌骨粗隆	下颌支内表面和下颌角	抬高并突出下颌骨，使其关闭下颚并协助下颌骨左右移动，如咀嚼
颧小肌	颧骨下表面	上唇外侧部至上唇提肌	抬起上唇，形成鼻唇沟
颧大肌	颧骨上侧面	嘴角的皮肤，口轮匝肌	将嘴角向上和向后拉，如微笑
前斜角肌	颈椎横突，C3~C6	第1肋	双侧收缩：屈颈，主动吸气时抬高第1肋 单侧收缩：侧向弯曲和旋转颈部
中斜角肌	颈椎横突，C2~C7[1]	第1肋	双侧收缩：屈颈，主动吸气时抬高第1肋 单侧收缩：侧向弯曲和旋转颈部
后斜角肌	颈椎横突，C5~C7	第2肋	双侧收缩：屈颈，主动吸气时抬高第2肋 单侧收缩：侧向弯曲和旋转颈部

1：C代表颈椎，第1~7颈椎可以简写为C1~C7。

上身的浅层肌和中间肌（前部）

肌肉	起点	止点	动作
颞肌	颞窝，包括顶骨、颞骨和额骨	下颌骨冠突，下颌支前缘	闭合下颚，咬紧牙关，协助下颌骨左右移动
颈阔肌	胸上部皮下筋膜	下巴和下巴的皮下筋膜和肌肉，下颌骨下缘	从嘴角向下和侧向拉动下唇，向上牵引胸部皮肤
三角肌	锁骨、肩峰和肩胛冈	三角肌粗隆，位于肱骨干外侧表面的1/2处	前部纤维：弯曲并向内侧旋转肱骨 中间纤维：肩关节处肱骨外展（仅在冈上肌开始运动后） 后部纤维：伸展和侧向旋转肱骨
胸大肌	锁骨头：锁骨前方内侧1/2或2/3处 胸肋部分：胸骨和上六肋软骨，腹直肌鞘	肱骨干上部	内收和内旋肱骨 锁骨部分：肩关节屈曲并向内侧旋转，肱骨向对侧肩部水平内收 胸肋部分：将肱骨斜内收到对侧髋关节
前锯肌	上八肋或上九肋的外表面和上缘，以及覆盖其肋间隙的筋膜	肩胛骨内侧缘及肩胛骨下角的前（肋）面	旋转肩胛骨进行手臂的外展和屈曲。伸展肩胛骨
咬肌	上颌骨颧突，颧弓的内、下表面	下颌角，下颌骨冠突	闭合下颚。咬紧牙关。协助下颌骨左右移动
锁骨下肌	第1肋与第1肋软骨交界处	锁骨下面凹槽的底部	锁骨下沉并向胸骨方向牵拉
喙肱肌	肩胛骨喙突尖	肱骨干内侧面	稍微内收肩关节；可能有助于肩关节的屈曲（但这尚未得到证实）；有助于稳定肱骨
胸小肌	第3~5肋的外表面及相应肋间隙的筋膜	肩胛骨喙突	将肩胛骨向前下方牵引。用力吸气时抬高肋骨
肩胛下肌	肩胛下窝（肩胛骨前表面）	肱骨小结节，肩关节囊	肩袖肌，稳定肩关节，主要防止肱骨头被三角肌、肱二头肌和肱三头肌长头向上牵拉；内旋肱骨
肋间外肌	上位肋的下缘	下位肋的上缘（肌纤维斜向前下）	在躯干的各种运动中，收缩肌肉以稳定胸腔。可在吸气时抬高肋骨，防止呼吸时肋间隙膨出或吸入
肋间内肌	肋骨和肋软骨上缘	上位肋的下缘（肌纤维斜向前向上朝向肋软骨）	在躯干的各种运动中，收缩肌肉以稳定胸腔。可在用力呼气时将相邻肋骨连在一起，防止呼吸时肋间隙膨出或内收
腹外斜肌	下八肋	髂嵴的前半部分，并进入终止于白线的腹腱膜	压迫腹部，单独一侧收缩可使躯干向该侧弯曲并旋转至对侧
腹内斜肌	髂嵴，腹股沟韧带外侧2/3处，胸腰筋膜	下3或4根肋，腹白线经过腹腱膜	压迫腹部，单独一侧收缩可使躯干侧弯和旋转
腹横肌	髂嵴前2/3处，腹股沟韧带外侧1/3处，胸腰筋膜，下六肋软骨	腹白线通过腹腱膜，其下部纤维最终通过联合腱附着于耻骨嵴和耻骨	压迫腹部
腹直肌	耻骨嵴和耻骨联合	胸骨剑突前面，第5~7肋软骨前面	屈曲腰椎，使胸腔凹陷，行走时稳定骨盆

上身的浅层肌和中间肌（后部）

肌肉	起点	止点	动作
斜方肌	枕骨，颈椎（C7）棘突和胸椎（T1~T12）[1]	锁骨外侧1/3处，肩峰，肩胛冈	上束纤维：向上拉上肢带骨，有助于防止肩带凹陷 中束纤维：回缩（内收）肩胛骨 下束纤维：压迫肩胛骨，特别是抵抗阻力 上、下束纤维一起：旋转肩胛骨
小菱形肌	颈椎和胸椎（C7~T1）棘突	肩胛骨内侧缘	回缩（内收）肩胛骨，稳定肩胛骨，稍微协助手臂外展、内收
大菱形肌	胸椎（T2~T5）棘突	肩胛骨椎体内侧缘	回缩（内收）肩胛骨，稳定肩胛骨，稍微协助手臂外展、内收
背阔肌	附着于椎骨棘突（T7~S5）[2]的胸腰段筋膜；髂嵴后部；下三或四肋；肩胛骨下角	肱骨结节间沟（肱二头肌沟）底部	伸展弯曲的手臂，内收和内旋肱骨，通过抬高下肋用力吸气
头夹肌	颈椎（C7）和胸椎（T1~T4）棘突	颞骨乳突，上颈线的外侧部分，深至胸锁乳突肌附着处	双侧收缩，伸展头部和颈部 单侧收缩，侧屈颈部，将面部旋转到收缩肌肉的同一侧
颈夹肌	胸椎（T3~T6）棘突	颈椎（C1~C3）横突	双侧收缩，伸展头部和颈部 单侧收缩，侧屈颈部，将面部旋转到收缩肌肉的同一侧
肩胛提肌	颈椎（C1~C4）横突	肩胛骨上角与肩胛冈之间的肩胛骨内侧（椎骨）缘	抬高肩胛骨，有助于肩胛骨回缩，有助于颈部侧弯
冈上肌	肩胛骨冈上窝	肱骨大结节，肩关节囊	肩关节外展，使三角肌可以在外展后期运作
冈下肌	肩胛骨冈下窝	肱骨大结节，肩关节囊	有助于防止肩关节后脱位，肱骨侧旋
小圆肌	肩胛骨背面外侧缘的上2/3处	肱骨大结节，肩关节囊	有助于防止肩关节向上脱位。侧向旋转肱骨，稍微内收肱骨
大圆肌	肩胛骨外侧缘后面下1/3处	肱骨结节间沟（肱二头肌沟）的内侧唇	内收肱骨，内旋肱骨，从屈曲位置伸展肱骨

1：T代表胸椎，第1~12胸椎可以简写为T1~T12。

2：S代表骶椎，第1~5骶椎可以简写为S1~S5。

背部深层肌肉

肌肉	起点	止点	动作
头半棘肌	颈椎和胸椎（C4~T7）横突	枕骨上、下颈线之间	最有力的头部伸肌，有助于头部旋转
头长肌	胸椎（T1~T5）横突，颈椎（C5~C7）下段	颞骨乳突后部	伸展和旋转头部，有助于保持胸、颈椎在直立时和坐时的正确曲度
颈最长肌	胸椎（T1~T5）横突	颈椎（C2~C6）横突	伸展并侧向弯曲上脊柱，有助于保持胸、颈椎在直立时和坐时的正确曲度
胸最长肌	腰椎（L1~L5）[1]和胸椎（T11~T12）棘突，髂嵴内侧部	胸椎（T1~T12）横突结节和下九或十肋角	伸展和侧向弯曲脊柱，有助于保持脊柱在直立时和坐时的正确曲度，行走时保持骨盆上的脊柱稳定
颈髂肋肌	第3~6肋角	颈椎（C4~C6）横突	伸展和侧向弯曲脊柱，有助于保持脊柱在直立时和坐时的正确曲度
胸髂肋肌	下六肋角，在髂肋腰部的内侧	上六肋角与颈椎（C7）横突	伸展和侧向弯曲脊柱，有助于保持脊柱在直立时和坐时的正确曲度
腰髂肋肌	骶外侧嵴和正中嵴，髂嵴内侧	下六肋角	伸展和侧向弯曲脊柱，有助于保持脊柱在直立时和坐时的正确曲度，行走时保持骨盆上的脊柱稳定
头后小直肌	寰椎后结节	枕骨下颈线内侧	伸展头部
头后大直肌	枢椎棘突	枕骨下颈线外侧	伸展头部，将头向同侧旋转
头下斜肌	枢椎棘突	寰椎横突	在轴上旋转身体，从而将头部旋转到同一侧
颈棘肌	颈韧带，颈椎（C7）棘突	枢椎棘突	伸展脊柱，有助于保持颈椎在直立时和坐时的正确曲度
胸棘肌	胸椎（T11~T12）和腰椎（L1~L2）棘突	胸椎棘突（T1~T8）	伸展脊柱，有助于保持脊柱在直立时和坐时的正确曲度
颈半棘肌	胸椎（T1~T6）横突	颈椎（C2~C5）棘突	延伸脊柱的胸椎和颈椎部分，有助于胸椎和颈椎旋转
胸半棘肌	胸椎（T6~T10）横突	颈椎和胸椎（C6~T4）棘突	延伸脊柱的胸椎和颈椎部分，有助于胸椎和颈椎旋转
多裂肌	骶骨后表面，在骶骨孔和髂后上棘之间，所有腰椎的乳突（上关节突的后缘），所有胸椎的横突，下四节颈椎的关节突	部分止于此的起点高2~4个节段的椎骨棘突，总体包括L5~C2棘突	保护椎骨关节免受表层肌肉产生的更大压力，脊柱的伸展、侧屈和旋转
回旋肌	每个椎体的横突	上面相邻椎体棘突的基部	旋转，有助于延长脊柱

1：L代表腰椎，第1~5腰椎可以简写为L1~L5。

臂部浅层肌肉（后部）

肌肉	起点	止点	动作
桡侧腕长伸肌	肱骨外髁上嵴下（远端）1/3处	第二掌骨底背面，在其桡侧	延伸外展手腕，有助于屈肘
桡侧腕短伸肌	肱骨外上髁伸肌腱	第三掌骨背面	伸腕，有助于腕部外展
指伸肌	肱骨外上髁伸肌腱	四指所有指骨的背面	伸指（掌指关节和指骨间关节），有助于其他手指远离中指的外展
拇长展肌	尺骨干的后表面，在旋后肌起点的远端，骨间膜。桡骨干中间1/3处的后表面	第一掌骨底桡侧	将拇指的掌骨拉到伸展和外展之间的中间位置（在此运动过程中肌腱突出），外展手腕，并使其有助于屈腕
肱三头肌	长头：肩胛骨下结节 外侧头：肱骨干后表面的上半部分（在桡骨沟的上方和外侧） 内侧头：肱骨干后表面的下半部分（在桡骨沟的下方和内侧）	尺骨鹰嘴的后部	伸展肘关节，长头可使肱骨内收，从屈曲位伸直，稳定肩关节
肘肌	肱骨外上髁后部	尺骨鹰嘴的侧面和尺骨后表面的上部	使肱三头肌在肘关节处伸展前臂，可旋前和旋后使尺骨保持稳定
尺侧腕伸肌	肱骨外上髁伸肌腱，尺骨中后缘的腱膜	第五掌骨底的内侧	伸展和内收手腕
小指伸肌	肱骨外上髁伸肌腱	小指伸肌指背腱膜	伸展小指

臂部浅层肌肉（前部）

肌肉	起点	止点	动作
尺侧腕屈肌	肱骨头：肱骨内上髁屈肌总腱 尺骨头：鹰嘴内侧缘，尺骨上2/3处的后缘	豌豆骨，钩骨钩，第五掌骨底	弯曲、内收手腕，稍稍有助于屈肘
掌长肌	肱骨内上髁前方屈肌总腱	屈肌支持带的表面和掌腱膜的顶端	屈腕，使手掌筋膜紧张
指浅屈肌	肱骨内上髁屈肌总腱。尺骨冠突。桡骨前缘	四指中节指骨的两侧	弯曲每个手指的中节指骨，有助于屈腕
肱二头肌	短头：肩胛骨喙突尖 长头：肩胛骨上结节	四指中节指骨的两侧，肱二头肌腱膜	屈曲肘关节，前臂旋后，在肩关节处稍稍屈曲手臂
肱肌	肱骨前方下（远端）2/3处	尺骨冠突和尺骨粗隆	屈曲肘关节
肱桡肌	肱骨外侧髁上嵴前2/3处	桡骨下端，茎突正上方	屈曲肘关节，协助前臂旋前和旋后
桡侧腕屈肌	肱骨内上髁前方屈肌总腱	第二和第三掌骨底前部	腕部屈曲和外展（腕关节），有助于屈肘和内旋前臂

臂部深层肌肉（前部）

肌肉	起点	止点	动作
指深屈肌	肱骨头：尺骨内侧前表面的上2/3处，向上延伸至鹰嘴突的内侧；骨间膜	末节指骨底的前表面	屈曲远节指骨（唯一具有该作用的肌肉），帮助弯曲其穿过的所有关节
旋后肌	肱骨外上髁；肘关节桡侧副韧带；上尺桡关节环状韧带，尺骨的旋后肌嵴	桡骨上1/3处的背面和侧面	旋后前臂
旋前圆肌	肱骨头：肱骨内上髁前方常见的屈肌起点 尺骨头：尺骨冠突	桡骨中部外侧面	旋前前臂，帮助肘关节屈曲
拇长屈肌	桡骨干前表面中部；骨间膜；尺骨冠突内侧缘和/或肱骨内上髁	拇指末节指骨底掌面	屈曲拇指的指骨间关节；辅助屈曲掌指关节和腕掌关节；辅助屈腕
旋前方肌	尺骨骨干前表面的远端1/4处	桡骨干前表面远端1/4处的外侧	旋前前臂和手，使桡骨和尺骨保持在一起，减少下尺桡关节的应力

臀部和大腿的浅层肌肉和深层肌肉（前部）

肌肉	起点	止点	动作
缝匠肌	髂前上棘及其下方	胫骨内侧面上部，靠近前缘	屈曲髋关节，侧旋并外展髋关节。屈曲膝关节，屈膝后辅助胫骨在股骨上内旋
耻骨肌	耻骨梳，髂骨隆起和耻骨结节之间	耻骨肌线，从小粗隆到股骨粗隆	内收髋关节，屈曲髋关节
股直肌	直头（前头）：髂前下棘 反折头（后头）：髋臼上方的凹槽（髂骨上）	髌骨，然后通过髌韧带至胫骨粗隆	伸展膝关节，屈曲髋关节
股外侧肌	股骨干上半部分	髌骨外侧缘，然后经髌韧带至胫骨粗隆	伸展膝关节，防止膝关节屈曲
股内侧肌	股骨干上半部分	经髌韧带至胫骨粗隆。胫骨内侧髁	伸展膝关节，防止膝关节屈曲
股中间肌	股骨干上2/3处	股四头肌腱深面，然后经髌韧带至胫骨粗隆	伸展膝关节，防止膝关节屈曲
长收肌	耻骨前表面，在耻骨嵴和耻骨联合的交界处	股骨中线内侧唇中部1/3处	内收髋关节，在髋关节处屈伸股骨，在髋关节处伸展弯曲的股骨，辅助髋关节外旋
大收肌	耻骨下支，坐骨支（前部纤维），坐骨结节（后部纤维）	股骨全长	内收并外旋髋关节
短收肌	耻骨下支的外表面	耻骨肌线下2/3处和股骨粗线上半部分	内收髋关节，在髋关节处屈伸股骨，在髋关节处伸展弯曲的股骨，辅助髋关节外旋
腰方肌	髂嵴的后部，髂腰韧带	第12肋，腰椎（L1~L4）横突	侧弯脊柱，在深呼吸时固定第12肋，辅助伸展腰椎，并使其侧向稳定
腰大肌	腰椎（L1~L5）横突，胸椎和腰椎（T12~L5）椎体，每个腰椎上方的椎间盘	股骨小转子	髋关节屈肌，从它的起点开始，弯曲躯干，如从仰卧位坐起来
髂肌	髂窝上2/3处，腰骶部和骶髂前韧带	股骨小转子	主要的髋关节屈肌，与腰大肌一起，从它的止点开始，弯曲躯干，如从仰卧位坐起来

臀部和大腿的浅层肌肉和深层肌肉（后部）

肌肉	起点	止点	动作
臀大肌	髂骨外表面及骶骨和尾骨后表面，骶结节韧带，竖脊肌腱膜	股骨臀肌粗隆，髂胫束筋膜	伸展和外旋髋关节（用力伸展，如跑步或从坐姿站起）；伸展躯干；辅助髋关节内收
臀小肌	在臀前线和臀下线之间的髂骨外表面	大转子前缘	外展、内旋髋关节，可能辅助髋关节屈曲
臀中肌	髂骨外表面	股骨大转子外侧面的斜脊	内收髋关节，前部纤维内旋髋关节，后部纤维稍外旋髋关节
梨状肌	骶骨内表面	股骨大转子上缘	外旋髋关节。髋关节屈曲时内收大腿，辅助保持股骨头在髋臼内
阔筋膜张肌	髂嵴外唇前部，髂前上棘外表面	大转子水平以下的髂胫束	屈曲、外展和内旋髋关节；绷紧筋膜，从而稳定膝关节
股薄肌	耻骨联合下半部和耻骨下支	胫骨干内侧面上部	内收髋关节，屈曲膝关节，屈曲时内旋膝关节
半腱肌	坐骨结节	胫骨干上内侧面	屈曲后屈膝并稍内旋膝关节，伸展髋关节
股二头肌	坐骨结节，股骨后部	腓骨头外侧，胫骨外侧髁	屈曲膝关节，伸展髋关节
半膜肌	坐骨结节	胫骨内侧髁后内侧面	屈曲后屈膝并稍内旋膝关节，伸展髋关节
上孖肌	坐骨棘的外表面	随闭孔内肌腱进入股骨大转子内侧面	辅助闭孔内肌外旋髋关节，屈髋时外展大腿
下孖肌	坐骨结节上缘	随闭孔内肌腱进入股骨大转子内侧面	辅助闭孔内肌外旋髋关节，屈髋时外展大腿
闭孔内肌	坐骨、耻骨和髂骨的内表面	股骨转子上窝上方股骨粗隆的内侧面	外旋髋关节；髋关节屈曲时内收大腿，从而保持股骨头在髋臼内
股方肌	坐骨结节外侧缘	在转子间嵴下方向远端延伸的方形线	外旋髋关节

小腿浅层肌肉（前部）

肌肉	起点	止点	动作
腓骨长肌	腓骨外侧面的上2/3处，胫骨外侧髁	内侧楔骨的外侧，第一跖骨底	使脚外翻，辅助踝关节跖屈
胫骨前肌	胫骨外侧髁，胫骨外侧面的上半部分，骨间膜	内侧楔骨的内侧和足底表面，第一跖骨底	背屈踝关节，使脚内翻
趾长伸肌	胫骨外侧髁，腓骨前表面的上2/3处，骨间膜上部	第2~5趾趾背腱膜，每根肌腱分开附着于中节和远节指骨底	在跖趾关节处伸展足趾，辅助趾骨间关节的伸展，辅助踝关节背屈和足外翻

小腿浅层肌肉（后部）

肌肉	起点	止点	动作
腓骨短肌	腓骨外侧面的下2/3处，相邻肌间隔	第五跖骨底外侧	踝关节外翻，辅助踝关节跖屈
腓肠肌	内侧头：股骨内侧髁上方的腘肌表面 外侧头：股骨外侧髁和后表面	跟骨后表面（通过跟骨肌腱，腓肠肌和比目鱼肌肌腱融合）	足跖屈，辅助膝关节屈曲，是步行和跑步的主要推动力
比目鱼肌	胫骨和腓骨的后上表面	与腓肠肌肌腱一起进入跟骨后表面	跖屈踝关节
跖肌	股骨外侧髁上嵴的下部和其腘肌面的邻近部分。膝关节腘斜韧带	跟骨后面	跖屈踝关节，稍稍屈曲膝关节
腘肌	股骨外侧髁的外侧面，膝关节腘斜韧带	胫骨后表面上部，比目鱼肌线以上	足部固定在地面上时，在胫骨上外旋股骨。当腿部不承重时，在股骨上内旋胫骨；辅助膝关节屈曲；辅助加强膝关节后方韧带
胫后肌	胫骨和腓骨的后表面，大部分为骨间膜	跗骨和第二、三、四跖骨	使足内翻，辅助踝关节跖屈
蹬长屈肌	腓骨后表面下2/3处，骨间膜，相邻肌间隔	蹬趾远节指骨底	屈曲蹬趾的所有关节，辅助踝关节跖屈并使足内翻
趾长屈肌	比目鱼肌线以下的胫骨后表面	第2~5趾远节趾骨底	屈曲第2~5趾的所有关节，辅助踝关节跖屈并使足内翻

起点、止点和肌肉动作类型

　　肌纤维被层层结缔组织包裹着。这些结缔组织结合在一起，在肌肉的两端形成肌腱并附着在骨骼之上。肌腱一端附着的骨骼不会因为肌肉收缩而移动时，该附着的位置称为起点；肌腱另一端附着的骨骼因肌肉收缩而发生移动时，该附着点称为止点。当肌肉收缩时，力通过肌腱传递并在骨骼上沿直线形成"拉力"，产生从止点向起点的运动。有肌肉附着的身体部分（例如，脚、小腿或胫骨、大腿等），会发生轴线转动（图1.6）。因此，肌力的提升会增加旋转力（扭矩）及身体部位的加速度。产生扭矩的作用力大小即关节力矩。

　　通常，提到肌肉收缩时，大多数人都会认为

肌肉缩短产生力。图1.6就是该种情况，小腿肌群缩短抬高了足跟。这类肌肉缩短的收缩称为向心收缩。然而，还有其他肌肉收缩的情况需要考

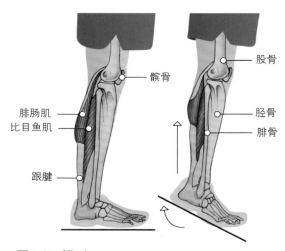

图1.6　提踵

虑。例如，当提起的足跟向地面下落时，小腿肌肉仍然在产生力，但同时也在拉长。如果小腿肌群在下落过程中没有通过收缩产生力，那么足跟将会以自由落体的形式触地。这种情况下的"收缩"并不是缩短而是拉长。这类肌肉拉长的收缩称为离心收缩。在等长收缩中，肌肉产生力，但长度未发生变化。例如，当足跟在下落中途停止并保持静止（即足跟既没有触地，也没有发生上下移动）时的肌肉收缩，就可归类为等长收缩（图1.7）。

本质上，高效的运动依赖于涉及不同肌肉动作组合肌群的协调活动。为了区分运动过程中肌肉的不同作用，可以将肌肉进行如下分类：

· 主动肌/原动肌：引起预期动作的肌肉（群）。例如，运动员在短跑过程中向前摆腿（提膝）时，髂腰肌就是负责屈髋的主动肌。

· 拮抗肌：与主动肌作用相反的肌肉（群）。例如，在上面给出的例子中，臀大肌（伸髋肌）就是与髂腰肌作用相反的拮抗肌。

· 协同肌：协助或改变主动肌运动的肌肉（群）。例如，当运动员在冲刺过程中向前摆腿时（通过屈髋以抬高膝部），股直肌作为髂腰肌的协同肌，协助髋关节完成屈曲。

· 固定肌/稳定肌：向需要保持屈曲的身体部位提供稳定的肌肉（群）。例如，短跑运动员通过屈髋向前摆腿时，腹直肌作为固定肌，会通过对抗骨盆和腰椎处屈髋肌向前的拉力帮助稳定骨盆。

中枢和周围神经系统

肌肉主导力量的生成，神经系统负责发出肌肉激活的信号。神经系统和骨骼肌之间的这种相互作用最终促发动作。神经系统由两大部分组成（图1.8）：

· 中枢神经系统
· 周围神经系统

中枢神经系统（central nervous system，CNS）由大脑和脊髓组成，周围神经系统（peripheral nervous system，PNS）由位于脊髓以外的所有神经分支组成。大脑在运动中起着主要作用（连同许多其他功能），而脊髓和其中的神经细胞主要负责在大脑和周围神经之间进行信息的上下传导。为了激活肌肉，从中枢神经系统发出的电信号（神经冲动）经神经细胞（也称为运动神经元）传递至目标肌肉，促发其收缩。信号在从大脑发送到周围时，逆向的情况也会发生。很多外周感受器存在于肌肉和肌腱之中，提供从周围到中枢神经系统的信息。这种持续的反馈使中枢神经系统能够使身体保持平衡和稳定，并预防损伤。

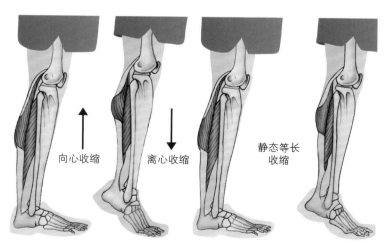

图1.7　肌肉的向心、离心和等长收缩

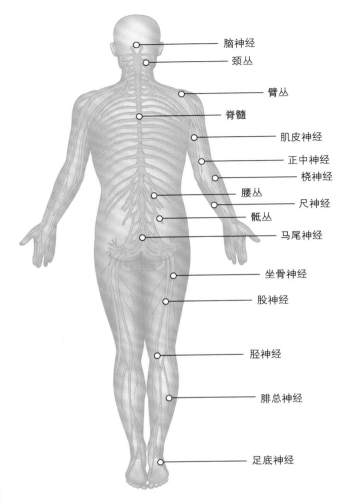

脑神经
颈丛
臂丛
脊髓
肌皮神经
正中神经
桡神经
腰丛
尺神经
骶丛
马尾神经
坐骨神经
股神经
胫神经
腓总神经
足底神经

图1.8　神经系统

运动单位

为了协调肌纤维的收缩，肌纤维被细分给所谓的运动单位。一个运动单位由一个运动神经细胞和它所支配的所有肌纤维组成（图1.9）。运动单位内的肌纤维局限于肌肉的一个区域内，并与属于其他运动单位的肌纤维混合。与肌纤维分类类似，运动单位根据收缩速度、力量大小和抗疲劳能力分为较小的慢缩型（Ⅰ型）和较大的快缩型（Ⅱ型）。

运动单位的募集遵循大小原则（Henneman et al.，1974），也就是说，运动单位被激活的顺序是由运动单位的大小决定的，随着收缩的增加从最小到最大。沿着运动神经细胞发出的神经冲动的启动引起收缩反应，该运动单位内的所有肌纤维将被激活。一个运动单位的激活将导致相对较弱的肌肉收缩，而较多运动单位的激活将导致较多的肌纤维被募集，因此肌肉收缩较强。运动单位募集数量的增加会增强该肌肉的力量，而运动单位在激活中的同步程度也会影响肌肉收缩。同时收缩的运动单位（也就是肌纤维）越多，收缩的力量就越强。

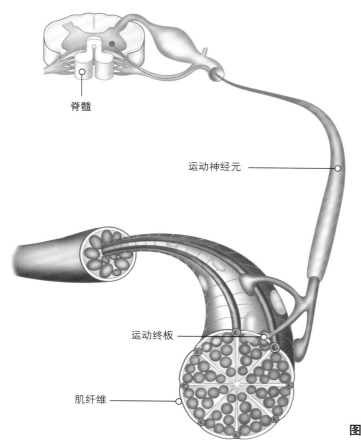

脊髓

运动神经元

运动终板

肌纤维

图1.9 一个运动单位

运动时，运动单位被激活很少会产生单一的收缩反应。它们通常会收到若干次神经冲动，导致重叠的收缩反应，产生比单一收缩更大的力量。收缩叠加的程度取决于神经冲动到达的速率，称为运动单位放电频率。如果神经冲动的频率足够高，就会出现一种融合性强直收缩，在这种收缩中，运动单位受到运动神经细胞的最大刺激。一般来说，每个运动单位的放电频率随着肌肉力量的增加而增加（称为编码速率），直到达到最大速率。除了受肌纤维类型的影响外，运动单位的募集和运动单位的放电频率也被认为可以通过力量训练来提高（参见第二章"力量训练术语和适应"）。

能量系统

概述

任何运动都需要能量。当肌肉在短跑运动中收缩时，它由一种叫作三磷酸腺苷（简称ATP）的化学化合物提供能量。一个ATP分子由一种叫作腺苷的分子和三个磷酸基团组成（图1.10）。

当一个磷酸盐分子从腺苷分子中分离出来并转化为二磷酸腺苷（简称ADP）时，肌肉收缩，ATP释放能量（图1.11）。

人体在静息状态下的ATP相对较低，因此必须不断将ADP重新生成（或再合成）为ATP，以维持一段时间的短跑。这种持续的能量供应通过提取和转移食物中的化学能量来维持，特别是从常量营养素（即脂肪、碳水化合物和蛋白质）中获取。如果ATP的产生速度与短跑时所需的肌肉收缩速度相同，疲劳的出现就会延迟。一旦ATP再合成速率低于肌肉ATP利用速率，就会出现疲劳。

体内肌肉中的ATP储存量提供持续活动的时间只有1~2秒（Bogdanis et al., 1998）。一旦这些能量储存被耗尽，ATP的再合成就要依赖以下三个主要系统：

· 磷酸肌酸（creatine phosphate，简称CP）系统（无氧乳酸系统/磷酸原系统）。*磷酸肌酸系统是无氧供能（在无氧条件下）。

· 无氧糖酵解系统（乳酸供能系统/乳酸系统/糖酵解系统）。

· 有氧系统（有氧供能系统/氧化系统）。

以上三种能量系统在肌肉内同时运作，但它们发挥作用的速度和各自重新合成ATP的总量会有所不同（图1.12）。根据参与的运动、强度和

图1.10　三磷酸腺苷。P为磷酸基团

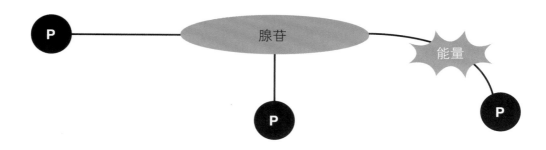

图1.11　当ATP转化为ADP时释放的能量。P为磷酸基团

*注：ATP-CP系统是一个总括性术语，用于描述最初1~2秒内使用ATP储存的初始阶段，以及之后的磷酸肌酸系统。

持续时间的不同，其中一个系统将占主导地位。

磷酸肌酸系统

正如之前讨论的，肌肉中含有少量的ATP，但在短跑启动后最初的1~2秒内就会耗尽。然后，肌肉中的磷酸肌酸系统为ATP的再合成提供了直接来源，在其对供能贡献比例降低之前还会维持4~8秒的高强度肌肉收缩（Walter et al., 1997）。虽然肌肉中的磷酸肌酸储存量有限，但ATP-CP系统会以非常快的速度提供能量，使其成为短跑等爆发性、最大强度活动过程中的主要供能系统。超过大约8秒之后，就不可能保持短跑开始阶段具有的爆发性肌肉动作水平。

无氧糖酵解系统

随着磷酸肌酸的储存逐渐耗竭，将转由无氧糖酵解系统占主导产生ATP。当接近最大活动持续时间超过磷酸肌酸系统储存能够提供的时间时，以及如果有氧活动期间的强度变得大于有氧系统能够提供的强度时，无氧糖酵解系统将成为主导供能系统。简言之，糖原（无氧糖酵解系统的主要燃料）被吸入肌细胞，在那里发生一系列酶反应以重新合成ATP。乳酸正是此过程的副产物。许多人认为乳酸的堆积是产生肌肉灼热感和疲劳的原因。

当乳酸没有被清除时，它被转化为乳酸盐，引起氢离子的并发聚集，导致肌肉内pH值下降，这种状态被称为酸中毒。这种酸中毒状态使参与能量产生的各种酶失去活性，并干扰肌肉收缩能力，导致力量和速度下降。该系统在1~3分内以接近最大速率进行的活动中占主导地位，之后随着其对能量生成的贡献下降，有氧系统开始占主导地位。

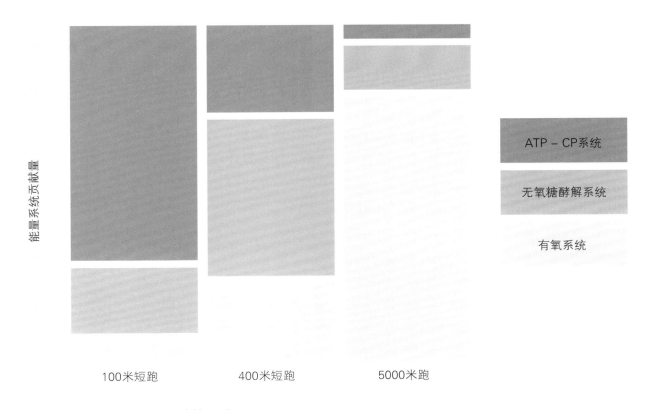

图1.12　各个能量系统对运动的贡献

能量系统贡献量

100米短跑　　　400米短跑　　　5000米跑

ATP－CP系统

无氧糖酵解系统

有氧系统

有氧系统

"有氧"简单而言意味着"需要氧气"，指的是在氧气存在的情况下，通过食物中的化学能转移产生ATP的供能系统。经过3~5分的运动，当身体不再可能通过磷酸肌酸系统和无氧糖酵解系统维持能量供应时，以有氧系统为主的供能方式就占了绝对优势。在低强度的活动和休息状态时，该系统将始终是主要的供能系统。事实上，在高强度活动之间的休息期间，身体依靠有氧系统帮助恢复肌肉内的磷酸肌酸水平。同时，这种恢复能够确保身体在下一轮运动中继续进行高强度活动。

小结

在进行诸如短跑之类的高强度运动时，需要许多系统协同工作。根据本节所讨论的系统结构和功能，力量训练应主要集中于诱发积极的神经肌肉适应，如快缩肌纤维和Ⅱ型运动单位的更大激活；提高运动单位的放电频率，以及促进运动单位的同步性。对于持续10秒或更短时间的短跑，主要的能量系统是ATP-CP系统，因此在设计合理的力量训练以促进速度和爆发性运动的发展时，应把重点放在ATP-CP系统上。

参考文献

Bogdanis, G., Nevill, M., Lakomy, H. & Boobis, L. (1998). Power output and muscle metabolism during and following recovery from 10 and 20 s of maximal sprint exercise in humans. *Acta Physiologica Scandinavica, 163*, 261–272.

Bottinelli, R., Canepari, M., Pellegrino, M. & Reggiani, C. (1996). Force-velocity properties of human skeletal muscle fibres: myosin heavy chain isoform and temperature dependence. *The Journal of Physiology, 495*, 573–586.

Costill, D., Daniels, J., Evans, W., Fink, W., Krahenbuhl, G. & Saltin, B. (1976). Skeletal muscle enzymes and fiber composition in male and female track athletes. *Journal of Applied Physiology, 40*, 149–154.

Henneman, E., Clamann, P., Gillies, J. & Skinner, R. (1974). Rank order of motoneurons within a pool: law of combination. *Journal of Neurophysiology, 37*, 1338–1349.

Larsson, L. & Moss, R. (1993). Maximum velocity of shortening in relation to myosin isoform composition in single fibres from human skeletal muscles. *Journal of Physiology, 472*, 595–614.

Lieber, R. & Friden, J. (2000). Functional and clinical significance of skeletal muscle architecture. *Muscle & Nerve, 23*, 1647–1666.

Sadoyama, T., Masuda, T., Miyata, H., & Katsuta, S. (1988). Fibre conduction velocity and fibre composition in human vastus lateralis. *European Journal of Applied Physiology and Occupational Physiology, 57*, 767–771.

Walter, G., Vendenborne, K., McCully, K. & Leigh, J. (1997). Noninvasive measurement of phosphocreatine recovery kinetics in single human muscles. *The American Journal of Physiology, 272*, 525–534.

第二章

力量训练术语和适应

有充分证据表明，力量训练可以增强力的生成能力（力量）。无论运动员进行的力量训练强度有多大，基因决定了力量提升都会达到某个上限。要达到这个上限，需要多年持续性地专注训练，因此，运动员在职业生涯中能够将力量水平提高几个百分点。这种提升不仅可以对运动员的速度产生重大影响，还有助于日后预防运动损伤。

本书将力量训练定义为使用特定的练习形式对抗阻力，并向神经肌肉系统施加刺激。根据神经肌肉系统的功能和不同时间范围下的力量表达形式，可以将力量分为很多类型。实施训练的类型和目标力量素质将决定神经肌肉的适应能力和整体训练效果。理解这一点对有效设计力量训练计划至关重要。

基本训练原则

适应过程、超负荷和特异性

　　人体可以通过改变肌肉的结构和功能对力量训练等刺激产生应答，在身体恢复一段时间后能够在同样的运动上表现更好（图2.1）。这种适应过程构成了力量训练的基础，它取决于运动员所采用的力量训练类型。

　　训练适应效果仅在"超负荷"后发生，此时身体需要完成超出其习惯负荷的运动。在力量训练方面，超负荷主要指给神经肌肉系统施加比平时更大的刺激（例如，推举比平时更大的重量）。超负荷并非只有使用外部负荷（即重量）才能实现。借助自身体重（自重）达到超负荷，同样是促进训练应答的有效方式。例如，跳跃期间腿部伸肌产生的平均值和峰值反应力量比短跑时腿部伸肌产生的力量分别高出82%和63%（Weyand et al., 2010）。

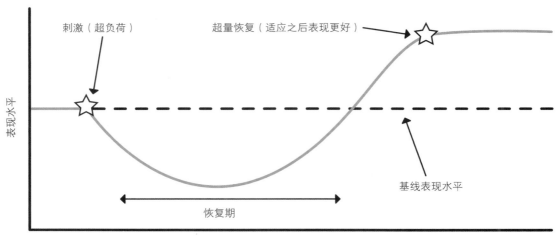

图2.1　刺激、疲劳和适应模型

　　通常，超负荷越大，越能够更加快速地引发更大的适应。此外，在力量训练中存在最低负荷，低于该负荷水平的力量训练不会产生任何训练适应效果。超负荷应该循序渐进增加，以不断产生新的训练适应。随着时间的推移，只是重复性地推举相同重量，身体就会对该负荷产生适应，使得力量表现增益达到平台期。同样重要的是，要定期适当地降低强度，并增加休息，以周期的方式向身体施加刺激，从而避免训练适应效果受到抑制，同时也能够降低损伤风险。

　　如前所述，训练反应和表现提升的类型取决于力量训练的类型。为了使训练的积极效果正向迁移到短跑表现中，有人建议应该遵循动态对应（dynamic correspondence）原则（Siff, 2003; Verkhoshansky, 2006），并且从机械力学角度特定于短跑动作。重要的是要记住，除了练习短跑本身之外，尽管一般的训练手段也可以有效地迁移至短跑，但是并不存在哪种形式的训练活动会产生100%的效果迁移。这些原则将在本书第四章"个人训练课程的设计"中讨论。

训练变量的设计

重复次数、组数和强度

　　重复次数或重复（rep）针对的是一项练习的完整动作。执行一系列的重复性动作称为一组。通常，在一组特定运动中所提起的重量（负荷）越重，或者负荷移动速度越快，施加在神经系统上的刺激就越大，该组运动的强度就越大。力量训练的强度不能与一般的疲劳感或主观训练难度（称为相对强度）混淆。例如，假设在以下两种情况下使用的负荷均达到了最大重复次数（即分别为最大完成10次重复的负荷与最大完成3次重复的负荷），那么完成10组10次重复练习会比完成4组3次重复练习的难度更大。然而，在做3次重复练习时的负荷更大，对神经系统的刺激也会更大，在这种情况下，训练强度会更高（根据公认的力量训练强度的定义），而10组10次重复练习看起来对肌肉系统施加的刺激可能更高。因此，作为一般的经验法则，重复次数低的练习会诱导神经适应，而重复次数高的练习会引起肌肉适应（图2.2）。

最大重复次数（repetition maximum，简称RM）可用于定义运动的强度。例如，背蹲可以举起的（使用正确技术）一次最大重量就是该练习的1RM。例如，硬拉可以举起的3次最大重量为该练习的3RM，依此类推。运动强度也可以表示为1RM的百分比——即举起一次最大重量的百分比。例如，运动员在练习中举起85%的1RM负荷时，强度就要大于举起70%的1RM的负荷。无论此时强度以何种方式表示，运动所引起的适应类型都会根据运动员训练的强度水平而变化。

训练量、间歇时间和训练频率

力量训练的量可以用完成的运动总量来表示，通常计算方式为：总重复次数（组数×重复次数）×举起的重量（负荷量）。通过增加重复次数和组数可以增加训练量。一段时间内（例如，一周或一个月）的训练量还可以通过增加训练课的频次（每周进行的训练课的数量）提升。通常情况下，完成多组练习会比完成单组练习获得更大、更多的力量和功率增益（Galvão et al.，2004；McDonagh et al.，1984）。对于刚接触力量训练的运动员来说，1~2组足以构成训练刺激，但经过一段时间之后，就应当考虑增加训练量，否则力量将达到平台期。一旦获得了初始力量增益，建议进行多组训练，通常范围为3~6组，只有极具经验的运动员可以安排多达10组甚至更多组数的训练。

训练组数取决于多个因素，主要受重复次数的影响。作为一般经验法则，运动员每组训练的重复次数越少，需要完成的组数就越多，从而在相对低的重复范围下达到适当的训练效果（即神经适应）。相反，运动员每组训练的重复次数越多，需要完成的组数就越少，以便到达预期的训练效果（即肌肉适应）。虽然多组训练会比单组训练更有益于力量增长，但训练中有最佳组数存在，超过该组数的训练将会导致力量增长效应减弱。

在组间、练习之间及训练课之间会有间歇

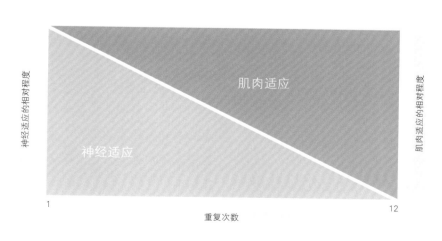

图2.2 重复次数对神经适应和肌肉适应的影响

时间，间歇时间的长度取决于训练课的目标。重复次数越少，表示每组训练的训练强度越大，所以中间需要休息的时间越长；相反，重复次数越多，表示每组训练强度越小，所以中间需要休息的时间越短。在对运动员进行每周的训练安排时，应该关注运动员的休息和恢复，即要保证每两次训练之间有足够的时间让运动员恢复体力。

如前所述，在短期内，一个人的体能水平会在力量训练课之后立即下降，因此，设定训练课程的训练频率对于实现运动员的积极适应非常重要。训练期间的刺激会引起运动员的疲劳，同时也会促发运动员体内一系列潜在的生理机制（例如，生物化学机制、激素、神经）。在随后的恢复期，这些生理机制必须发挥足够作用，促使运动员产生适应效果，并达到更高水平。如果每次训练课程之后不能及时恢复和适应，将影响运动员的长期发展。造成运动员无法从运动刺激中恢复的原因可能是训练频率、训练量和训练强度过大。如果运动员试图长时间不间断地训练，没有考虑刺激的周期化和充分休息，会不可避免地增加过度训练的风险（参见第五章"周期"）。

力量素质

关于训练设计中变量的详细研究，请参见本书第四章"个人训练课程的设计"。在讨论之前，有必要简要介绍一下力量素质的发展，以奠定一下基础。

最大力量

最大力量是指在不考虑发力时间的情况下，神经肌肉系统在单个最大肌肉收缩期间能够产生的峰值力。最大力量通常可以在肌肉等长收缩、向心收缩及离心收缩期间产生，并且可以细分为另外两种力量素质：绝对力量和相对力量。绝对力量是在不考虑体重和发力时间的情况下，运动员可以生成的最大力量。相对力量与运动员每单位体重可以产生的力量有关，同样不考虑时间因

素。例如，体重100千克的运动员A和体重70千克的运动员B，在背蹲练习中的1RM都是100千克。虽然他们的绝对力量相同，但运动员B在该练习中具有更大的相对力量，因为运动员B每单位体重能够举起更多的重量。所以，在练习中应该计算出运动员每单位体重的相对力量。在上面的例子中，运动员A可以举起跟自己体重一样的重量（100÷100＝1），而运动员B可以举起自己体重1.4倍的重量（100÷70＝1.4）。因此在短跑表现中，相对力量比绝对力量更重要，特别是在加速期间，高速移动身体的能力至关重要。

力量训练效果最明显的练习是那些强调多关节运动和最大肌群（即大腿、臀肌和背部）的练习。多关节推举又称为复合练习（compound exercises）或多关节练习，包括背蹲（图2.3）。单关节或身体局部练习，例如肱二头肌弯举（图2.3）通常不会在最大力量的提升方面发挥重要作用。

在最大力量练习中，尽管动作通常都是缓慢的，但是练习者应当有意识地在肌肉向心收缩阶段爆发性推举负重。通常，最大力量的发展要求在85%~100%的1RM强度下重复完成1~5次。与较低强度的负重相比，该训练强度具有更长的休息时间和相对较小的训练量，从而带来神经适应及最低程度的肌肉量增加。当最大力量训练采用70%~84%的1RM强度（6~12次重复），以及更大的训练量和相对较短的休息时间时，将会引起肌肉适应，特别是肌肉肥大。经验不足的运动员训练时应该在较低的强度范围内进行。

速度力量

速度力量可以描述为神经肌肉系统在尽可能短的时间内产生的最大力量。在竞技运动中，快速发力异常重要，这种能力也称为功率。计算公式如下：

$$功率＝功÷时间$$

功是力的产物，时间代表完成功所需要的时间。由于肢体移动的距离在运动期间保持相对恒

图 2.3　复合练习vs单关节练习

定，因此可以通过在给定时间内发出更大的力或通过减少力生成的时间（即提高动作速度）来增加功率。

在肌肉向心收缩时，功率是"正向"的，也称为"力的生成"；而在肌肉离心收缩时，功率则是"负向的"，也称为"力的衰减"。在短跑期间，起跑时的最大瞬时功率可以产生最大速度，这比仅仅测量功率更为重要。以上可知，力的生成速率是影响短跑的重要因素。

在绝大多数项目中，发力率（rate of force development，简称RFD）至关重要，尤其是短跑运动中。例如，在短跑的最大速度阶段，短跑的精英运动员与地面的接触时间约为0.09秒，但是人类伸膝和伸踝肌群发起并传输肌肉力量的时间远远超过这个时间范围（Harridge et al., 1996）。事实上，人体骨骼肌发出最大力量需要超过0.3秒（Aagaard et al., 2002; Thorstensson et al., 1976）。因此，速度力量在短跑期间比最大力量更重要。例如，在图2.4中，尽管运动员A拥有更大的最大力量，但是运动员B能够在更短的时间内产生更大的力。

速度力量包括两种主要力量素质：爆发力（explosive strength，简称EXS）和反应力量

（reactive strength，简称RS）。爆发力由达到最大力量所需要的时间来定义，又可以进一步细分为：

·起动力量——起动时（肌肉收缩）快速生成力的能力，此时肌肉中只能生成较小的力。

·加速力量——运动中快速生成力的能力，此时肌肉内已经存在一定程度的张力。

反应力量是指肌肉从离心收缩到向心收缩快速转化的能力。这种力量素质利用了伸长-缩短循环（stretch-shortening cycle，简称SSC），这是人体自然发生的一种工作机制，即肌肉主动"拉长"之后会紧随着肌肉的"收缩"。同一肌肉在此情况下远比只进行向心收缩时（即没有进行预拉长时）更具爆发力。尽管伸长-缩短循环机制促进运动表现的机制尚未明确，但通常认为，力生成的增加来自弹性能量的储存和再利用。肌肉和肌腱在动作的离心阶段吸收能量，随后在向心收缩阶段释放能量。短跑期间的反应力量在某种程度上与"腿部刚度"有关，这种能力用来对抗跑步触地时施加在腿部肌肉的伸展力量——运动员的腿部刚度越大，离心收缩和向心收缩之间的延迟就会越短。

如果运动员想要提升功率和发力率，在练习中有意识地快速移动和对抗阻力就显得非常重

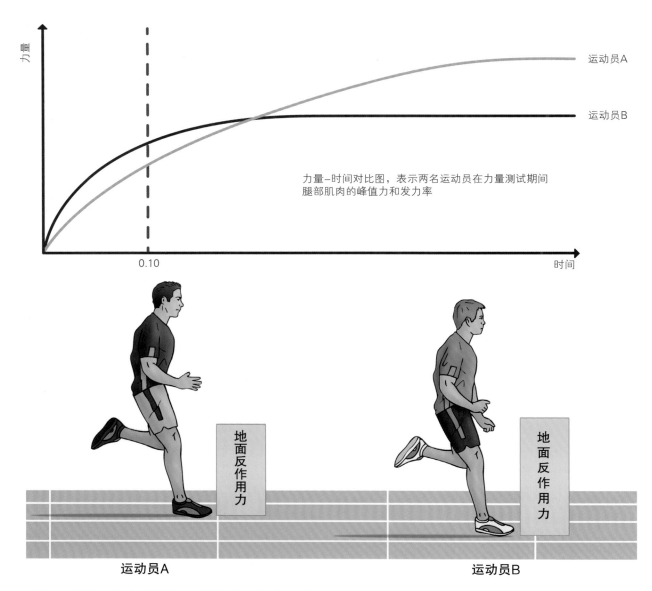

图2.4　短跑过程中运动员与地面接触时的发力率

要。已有研究表明，运动员按照上述要求进行训练时，他们的发力率变化将被最大程度地激发（Holtermann et al.，2007; Sahaly et al.，2001）。运动员在进行功率训练时，重复次数、组数和根据1RM百分比设定的强度会有所不同（即0到＞85%的1RM），具体安排取决于功率需求特征（参见第四章"个人训练课程的设计"）。

　　训练速度力量的练习类型也应根据力量素质和适应性需求而有所变化。经典的爆发力提升训练通常要求能够快速完成设定的练习任务，例如奥林匹克举重、实心球抛投或蹲跳（参见第六章"练习库"）。在爆发力练习中，要包含"释放"过程，即推举的负重被抛掷出去或加入跳跃。如果没有"释放"或"跳跃"的过程，则原先举起重量的能力就会慢慢减弱，导致爆发力适应无法在所需的运动范围内发生。因此，包含"释放"过程的爆发力训练能够减少拮抗肌在向心收缩动作时对动作速度的制约作用。基于以上原因，在最大力量训练期间采用的运动类型通常不会用于速度力量训练。

　　增强式训练专门用于发展反应力量。这类练习的特征在于利用伸长-缩短循环，预先对目标肌群施加离心负荷，然后变为快速的向心收缩。鉴于增强式练习的特性，训练时应采用相对较低的负荷。自重练习或轻质实心球练习应当优于大重量练习，因为负重的增加会降低运动速度，从而削弱训练效果。

力量耐力

　　力量耐力是指随着时间的推移，肌肉重复收缩时能够保持的力量输出能力。传统的力量耐力和用于增强力量耐力的训练方法并不适用于短距离的短跑训练。虽然在短跑过程中，保持力量输出需要一定程度的力量耐力，但是这种类型的力量耐力可以通过增加最大力量和速度力量的训练量来实现。此外，在需要力量耐力的项目中，最大力量和功率水平的提升也会带来积极的作用。例如，当每个运动单位和肌纤维都能够输出更大的力量时，那么较少的运动单位就可以完成较低强度下的力量输出，节省下的运动单位可用作额外工作的储备。在力量耐力训练期间，采用高重复次数和低负荷水平的训练通常不利于提升冲刺表现。

力量训练的神经肌肉适应

肌纤维类型

　　高强度训练（最大力量训练）已被证明会减少人体骨骼肌中 IIX 型肌纤维的数量，并增加 IIA 型肌纤维的数量（Adams et al.，1993；Andersen et al.，2000）。这看起来似乎对运动表现不利，因为和其他肌纤维类型相比，IIX 型肌纤维能够以最快的速度进行最大力量的收缩。然而，IIX 型肌纤维的这种转变将通过整个肌肉 IIX 型肌纤维的肥大，以及力量、功率和发力率的增强获得补偿（本章后续部分将详细讨论）（Aagard，2004）。

　　尽管增强式训练会增加所有类型肌纤维的最大收缩速度（Malisoux et al.，2006），减少肌肉收缩的时间（Kubo et al.，2007），但目前还不清楚速度力量训练是否会引起肌纤维类型之间的转化。

肌肉肥大

　　单个肌纤维产生的最大力量与其横截面积（cross-sectional area，简称CSA）成比例。大多数形式的力量训练都以相当大的负荷完成，这会使得未经训练或适度训练的肌肉产生一定的肌肉肥大。但发生肌肉肥大的程度会根据训练类型、对训练计划中变量的控制（例如，重复次数、组数、强度和休息）和运动员完成训练的情况而有所不同。

　　通常情况下，以次最大负重（即70%~85%的1RM；6~12次重复）进行的最大力量训练，可作为增加肌纤维横截面积的训练。在该强度范围内，设定合理训练量和休息时间的训练为"增肌训练"，而不是真正的"最大力量训练"。本书将该强度范围归类为次最大负重下的最大力量训练。与次最大负重下的训练不同，较大负重下（即＞85%的1RM）的更低训练量的练习会增加肌纤维横截面积。虽然肌肉肥大适应在所有纤维类型中都会发生，但与次最大负重训练相比，更高强度的训练会优先在快肌纤维中产生肌肉肥大（Fry，2004）。因此，如果需要提高最大力量和收缩速度，更高强度的训练是更有利的选择。进阶式的最大力量训练（3~12RM）也被证明可以增加目标肌肉（群）的羽状角（Aagaard et al.，2001），从而有利于增加肌纤维横截面积。

　　速度力量训练一般使用相对较轻的负重，肌肉处于张力下的时间减少，肌肉肥大也会减少

（Wernbom et al.，2007）。同样，力量耐力训练使用的负重也较轻，所以肌肉肥大也不明显。另外，目前尚不清楚速度力量训练是否会引起肌肉羽状角的变化。

运动单位募集

肌肉产生的全部力量与运动中运动单位募集的数量和类型有关。如前所述，运动单位的募集遵循大小原则（size principle）[1]（Henneman et al.，1974），也就是说，运动单位的募集顺序取决于运动单位的大小，随着肌肉收缩程度增加，从募集最小运动单位（Ⅰ型慢肌纤维）开始，到募集最大运动单位（Ⅱ型快肌纤维）（图2.5）结束。该原则涉及渐变力量水平下的慢速肌肉收缩、等长收缩和爆发性收缩。然而，由于需要在短时间内迅速将力量增加到较高水平，在此快速运动期间，运动单位的最大募集水平通常较低。

不具备力量训练经验的新人运动员只能募集部分数量的运动单位。这是为了保护肌肉免于承受过大力量，伤及结缔组织。通过训练，运动员可以逐渐募集到更多的运动单位，并产生更大的力量。然而，力的生成水平还取决于运动单位的募集类型。在需要最大爆发力的情况下，更高次序的运动单位（快肌纤维）募集是最有利的，因为它们支配着能够产生更大力量和更高发力率的肌纤维（Enoka et al.，2001）。在需要生成接近最大力量水平时，例如在使用大负重进行最大力量和爆发力训练（即≥85%的1RM）时，就会优先募集这类运动单位。此外，在弹动式肌肉收缩期间，较低负重的爆发力训练会更早激活较高次序的运动单位（Van Cutsem et al.，1998）。

速率编码

神经冲动传递到肌纤维的速率将影响肌纤维生成力的能力。运动单位放电频率的提升可以在不增加运动单位募集水平的前提下，提高肌肉力量水平及其发力率。如果神经冲动的频率足够高，就会引发融合强直性收缩，动作神经元将会对运动单位产生最大的刺激。通常，每个运动单位的放电频率会随着肌力的增加而提高，即速

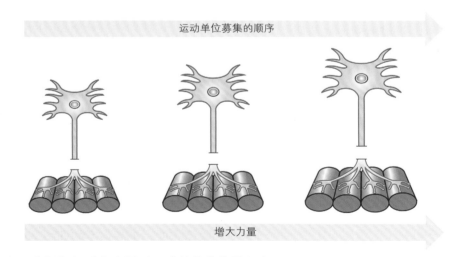

图 2.5　肌肉向心收缩期间增大力量时运动单位募集的顺序

1：骨骼肌调节收缩强度的方式即大小原则——当肌肉进行弱收缩时，总是那些较小的运动神经元所支配的小运动单位发生收缩；随着收缩的加强，就会有越来越多和越来越大的运动单位参加收缩，产生的肌张力也随之增加；舒张时，停止放电和收缩的首先是最大的运动单位，然后才是较小的运动单位（译者注）。

率编码，直至达到最大速率。在肌肉快速收缩期间，运动单位以非常高的频率放电，从而增加肌肉发力率（Zehr et al.，1994）。通过高强度最大力量训练和爆发力训练可以提高速率编码。

发力率

正如前文所述，在快速运动中，发力率的提高比无须考虑时间因素的最大力量的生成能力更为重要。通过最大力量训练（Aagaard et al.，2002）和爆发力训练（Van Cutsem et al.，1998）可以提高发力率。许多适应都可以提高发力率，例如增加运动单位放电频率、肌肉-肌腱肥大和刚度（Arampatzis et al.，2007）。无论采用何种类型的训练，聚焦爆发性发力对于引起发力率的积极变化都非常重要。有证据表明，当有目的地以尽可能大的力量快速移动负重时，会快速激发神经激活，而这个过程与实际的动作速度无关（Behm et al.，1993）。

肌间协调

肌间协调是指主动肌、协同肌、拮抗肌和稳定肌在运动中共同作用的能力，包括肌肉生成力的大小和时间。虽然主动肌产生的力对于生成高水平的外力而言十分重要，但是协同肌（群）的支持及拮抗肌（群）收缩的减少也能够让动作更加有力和高效。例如，在短跑期间，运动员的下肢通过"三重伸展"模式（即跖屈、伸膝和伸髋）向地面发力，推进自身移动至下一步。为了确保在触地的短暂时间内产生最大的力，主动肌、协同肌、拮抗肌及稳定肌需要在精准的时间和水平下激活和放松。

虽然拮抗肌在一定程度上的激活在保护关节免受损伤和协调运动方面很重要，但是关节周围过多的共收缩会导致主动肌的激活程度降低（Milner et al.，1995），进而导致力量输出减少。在这方面，速度力量练习优于传统的最大力量练习，因为这类练习需要在完整动作幅度中加速推举负重至释放点（即投掷），或腾空（即跳跃）。拮抗肌共同收缩的减少被认为是速度力量训练的适应性之一，在理论上可以提高运动表现（Folland et al.，2007）。

伸长-缩短循环

伸长-缩短循环的肌肉功能可以根据活动期间的收缩时间进行分类。如果收缩时间小于0.25秒并且髋、膝及踝关节只发生了较小角度的位移，则可被归类为"快速伸长-缩短循环"（参见第六章"练习库"）。下落跳就是典型示例，因为该练习的触地时间通常小于0.25秒。在"慢速伸长-缩短循环"中，收缩时间较长并且髋、膝及踝关节发生大角度位移，例如"跳箱"（参见第六章"练习库"）。因此，慢速伸长-缩短循环的练习和快速伸长-缩短循环的练习不可互相代替，因为二者的训练机制存在差异（Bobbert et al.，1987）。通过增强式训练（或爆发力训练的一些练习），使肌肉从离心收缩迅速变为向心收缩，这也是反应力量训练适应的一种形式（Markovic et al.，2010）。

力量-速度的特定适应

到目前为止，我们提到的各种适应都被认为可以提升运动表现，训练期间采用的速度和负重会对适应性产生最大的影响，并最终形成力量-速度的特定适应（Kaneko et al.，1983）。力量-速度曲线（图2.6）意味着最大的力量是在慢速或静止状态下产生的，而最大的速度则是在无负重或低负重下实现的，因此，力量和速度之间存在反比关系。然而，在某些情况下，认为高速下无法实现较高水平的力量的观点也具有误导性，因为在某些运动中，例如举重项目中，是可以实现的。

力量-速度曲线（图2.6）可以用来说明以速度为核心的训练和以力量为核心的训练所带来的不同效果。最大力量训练将围绕曲线做顺时针旋转，而速度训练将围绕曲线做逆时针旋转。这表明长时间、高强度的最大力量训练可能会阻碍发

力率的提升（此时力的生成速度相对较慢），长时间、低负荷的高速训练可能会限制最大力量的发展。

图2.7显示了可训练的力量素质及其在力量-速度曲线中的位置，以及可用于训练该力量素质的练习和负荷类型。

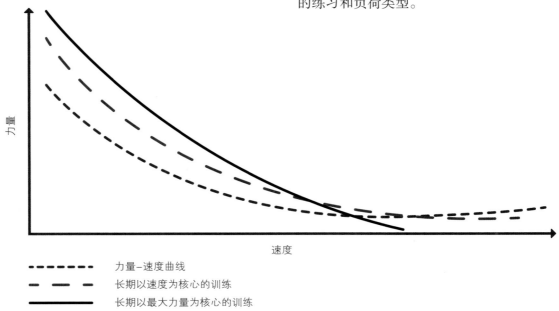

图 2.6　力量-速度曲线

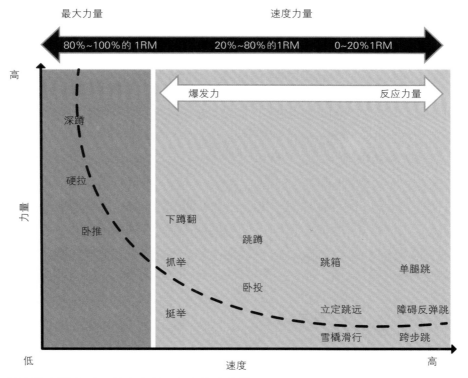

图 2.7　可训练的力量素质及其在力量-速度曲线中的位置

小结

人体有能力通过一段时间的恢复之后改变自身的结构和功能来适应力量训练的刺激，以便将来更好地完成这项活动。训练适应只有在对身体施加"超负荷"刺激时发生。同样重要的是，有计划地降低强度和适当休息等对身体施加周期性刺激，在避免对适应性产生抑制的同时，也可降低损伤风险。这些都可以通过仔细控制设计变量（例如重复次数、组数和间歇时间）来实现。

有效的训练计划设计可以促进不同力量素质即最大力量和速度力量的发展。一方面，最大力量代表峰值力量，即在不考虑发力时间的情况下，神经肌肉系统在单次最大肌肉收缩期间生成最大力量的能力。另一方面，速度力量指的是神经肌肉系统在尽可能短的时间内产生的尽可能大

的力量。这两种力量类型可以进一步细分为多种力量素质，这些力量素质能够引起许多有利的适应性，包括优先选择 II 型肌纤维的肌肉肥大，促进运动单位的募集和速率编码，改善肌间协调性和伸长–缩短循环等肌肉功能。到目前为止，提到的各种适应都被认为可以改善运动表现，它们对运动训练期间的速度和负荷有很大的影响，最终形成力量–速度的特定适应。

以上这些考虑都需要长期的力量训练，以便形成对短跑表现最有利的适应。在审视训练计划的设计过程之前，详细了解短跑机制十分重要，因为其在极大程度上决定了所选的训练类型及提高运动表现所必需的适应。

参考文献

Aagaard, P., Andersen, J., Dhyre-Poulsen, P., Leffers, A., Wagner, A., Magnusson, P., Simonsen, E. (2001). A mechanism for increased contractile strength of human pennate muscle in response to strength training: changes in muscle architecture. *Journal of Physiology*, 534, 613–623.

Aagaard, P., Simonsen, E., Anderson, J., Magnusson, P. & Dhyre-Poulsen. (2002). Increased rate of force development and neural drive of human skeletal muscle following resistance training. *Journal of Applied Physiology*, 93, 1318–1326.

Aagard, P. (2004). Making muscles stronger. Journal of Musculoskeletal and Neuronal Interaction, 4, 165–174.

Adams, G., Hather, B., Baldwin, K. & Dudley, G. (1993). Skeletal muscle myosin heavy chain composition and resistance training. *Journal of Applied Physiology*, 74, 911–915.

Andersen, J. & Aagard, P. (2000). Myosin heavy chain II X overshooting in human skeletal muscle. *Muscle and Nerve*, 23, 1095–1104.

Arampatzis, A., Karamanidis, K. & Albracht, K. (2007). Adaptational responses of the human Achilles tendon by modulation of the applied cyclic strain magnitude. *Journal*

of Experimental Biology, 210, 2743–2753.

Behm, D. & Sale, D. (1993). Intended rather than actual movement velocity determines velocity-specific training response. *Journal of Applied Physiology, 74*, 359–368.

Bobbert, M., Huijing, P. A. & Van Ingen Schenau, G. (1987). Drop jumping. the influence of jumping technique on the biomechanics of jumping. *Med Sci Sports Exerc, 19*, 332–338.

Enoka, R. & Fuglevand, A. (2001). Motor unit physiology: some unresolved issues. *Muscle and Nerve, 21*, 4–17.

Folland, J. & Williams, A. (2007). The adaptations to strength training: morphological and neurological contributions to increased strength. *Sports Medicine, 37*, 145–168.

Fry, A. (2004). The role of resistance intensity on muscle fibre adaptations. *Sports Medicine, 34*, 663–679.

Galvão, D. & Taaffe, D. (2004). Single- vs. multiple-set resistance training: recent developments in the controversy. *Journal of Strength and Conditioning Research, 18*, 660–667.

Harridge, S., Bottinelli, R., Canepari, M., Pellegrino, M., Reggiani, C., Esbjornsson, M. & Saltin, B. (1996). Whole-muscle and single-fibre contractile properties and myosin heavy chain isoforms in humans. *European Journal of*

Physiology, 432, 913–920.

Henneman, E., Clamann, P., Gillies, J. & Skinner, R. (1974). Rank order of motoneurons within a pool: law of combination. *Journal of Neurophysiology, 37*, 1338–1349.

Holtermann, A., Roeleveld, K., Vereijken, B. & Ettema, G. (2007). The effect of rate of force development on maximal force production: acute and training-related aspects. *European Journal of Applied Physiology, 99*, 605–613.

Kaneko, M., Fuchimoto, T., Toji, H. & Suei, K. (1983). Training effect of different loads on the force-velocity relationship and mechanical power output in human muscle. *Scandinavian Journal of Sports Sciences, 5*, 50–55.

Kubo, K., Morimoto, M., Komuro, T., Yata, H., Tsunoda, N., kanehisa, H. & Fukunaga, T. (2007). Effects of plyometric and weight training on muscle-tendon complex and jump performance. *Medicine and Science in Sports and Exercise, 39*, 1801–1810.

Malisoux, L., Francaux, M., Nielens, H. & Theisen, D. (2006). Stretch-shortening cycle exersises: an effective training paradigm to enhance power output of human single muscle fibers. *Journal of Applied Physiology, 100*, 771–779.

Markovic, G. & Mikulic, P. (2010). Neuro-musculoskeletal and performance adaptations to lower-extremity plyometric training. *Sports Medicine, 40*, 859–895.

McDonagh, M. & Davies, C. (1984). Adaptive response of mammaliam skeletal muscle to exercise with high loads. *European Journal of Applied Physiology and Occupational Physiology, 52*, 139–155.

Milner, T., Cloutier, C. Leger, A. & Franklin, D. (1995). Inability to activate muscles maximally during cocontraction and the effect on joint stiffness. *Experimental Brain Research, 107*, 293–305.

Sahaly, R., Vandewalle, H. Driss, T. & Monod, H. (2001). Maximal voluntary force and rate of force development in humans – importance of instruction. *European Journal of Applied Physiology, 85*, 345–350.

Siff, M. (2003). *Supertraining*. Denver: Supertraining Institute.

Thorstensson, A., Karlsson, J., Viitasalo, J., Luhtanen, P. & Komi, P. (1976). Effect of strength training on EMG of human skeletal muscle. *Acta Physiologica Scandinavica, 98*, 232–236.

Van Cutsem, M., Duchateau, J. & Hainaut, K. (1998). Changes in single motor unit behaviour contribute to the increase in contraction speed after dynamic training in humans. *Journal of Physiology, 15*, 295–305.

Verkhoshansky, Y. (2006). *Special Strength Training*. Michigan: Ultimate Athlete Concepts.

Wernbom, M., Augustsson, J. & Thomee, R. (2007). The influence of frequency, intensity, volume and mode of strength training on whole muscle cross-sectional area in humans. *Sports Medicine, 37*, 225–264.

Weyand, P., Sandell, R., Prime, D. & Bundle, M. (2010). The biological limits to running speed are imposed from the ground up. *Journal of Applied Physiology, 108*, 950–961.

Zehr, E. & Sale, D. (1994). Ballistic movement: motor control and musce activation. *Canadian Journal of Applied Physiology, 19*, 363–378.

第三章

短跑的生物力学机制

简单来说，生物力学主要研究的是人体运动方式及其背后的原因。在短跑项目中，分析人体运动机制对于有效识别短跑的最佳技术和限制运动员奔跑能力的各种因素格外重要。可以通过选择更有效的力量训练来提高运动员的短跑成绩。因此，在考虑如何制订力量训练计划之前，首先要确定影响短跑表现的生物力学因素。

在短跑启动后的25~50米的距离内，运动员会不断加速（提升跑速），直至达到其最大速度，无法继续提速为止。一旦进入这个阶段，运动员就要尽可能维持最大速度并在比赛后半程不出现过快的降速，这对于短跑表现至关重要。在短跑的后半程，中枢神经系统疲劳和代谢废物的持续累积会导致一定程度的减速（Hirvonen et al., 1992; Ross et al., 2001）。优秀短跑运动员通常在100米跑项目中的最后20米开始减速。图3.1显示了运动员在100米及相关冲刺阶段的水平速度。

加速阶段的技术与运动员在达到或接近最大速度时所采用的技术不尽相同。尽管有大量文献给出了与这些阶段相关的生物力学数据，但鲜有研究探讨它们之间存在的差异。充分理解加速和最大速度短跑过程中作用于身体的力（动力学）和身体动作（运动学），可以有效发展其中一种能力或让两种能力同时获得提升，而不会造成负面影响。

虽然上肢活动也会对短跑表现产生一定的影响（Hinrichs，1987; Hinrichs et al.，1987），但其主要作用是配合下肢作出反应（Bhowmick et al., 1988; Mann，1981），本章不对该部分进行讨论。

触地

触地距离

步态周期（图3.2）始于足底与地面的初次

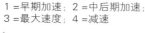
1 = 早期加速；2 = 中后期加速；
3 = 最大速度；4 = 减速

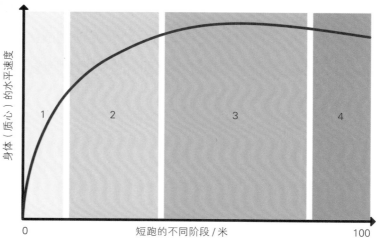

图3.1　100米跑的水平速度

触地　　　腾空　　　足趾离地　　　触地

图3.2　步态周期

接触（触地）。这也是地面接触或"支撑期"的开始，该阶段在足底离开跑道表面的瞬间结束（足趾离地）。

在触地瞬间，短跑运动员由于反向"前后力"引起的制动作用而失去动量（减速）。"前后力"是指支撑期所受的水平地面的反作用力。负水平力表示地面接触之初的制动力，正水平力表示制动力所产生的推进力（图3.3）。

支撑期所产生的地面作用力的大小对短跑表现非常重要。地面作用力对运动员跑动的贡献不仅取决于作用力的大小，还取决于其持续时间。作用力与时间的乘积（即力×时间）为冲量。当受到负水平力时，触地过程中就会产生明显的制动冲量；而当产生正水平力时，向前的推进冲量则较为显著。从推进冲量中减去制动冲量得到的净推进冲量直接决定了运动员的速度变化。如果在支撑期净水平推进冲量为正值，则运动员在该过程中将加速；为负值时将减速。

冲量由力–时间曲线的面积表示（图3.4）。

在图3.4中，在短跑至10米处，净推进冲量为正，制动冲量小于推进冲量，因此运动员正在加速。在短跑至40米处，由于运动员达到最大速度时的制动冲量和推进冲量大小相等，因此净水平推进冲量为零。

短跑表现的重要技术指标之一是触地距离，指运动员的触地脚与触地时身体（质心）之间的水平距离，该指标能够影响制动冲量大小。制动冲量越大，脚在身体（质心）前方越远的位置触地（Fenn，1930），通常认为触地位置越接近运动员身体（质心）越好，这样可以减少支撑初期的减速量（Mann et al.，1985; Mero et al.，1992; Wood，1987）。随着短跑的向前推进，触地距离的差异（表3.1）会导致水平制动冲量的变化，因此，最大速度阶段的制动冲量明显高于加速阶段（Payne et al.，1968）。制动力的增加提高了短跑阶段对反应力量的需求。因此，力量需求的不同显然取决于短跑阶段的不同，在制订力量训练计划时应考虑这一方面。

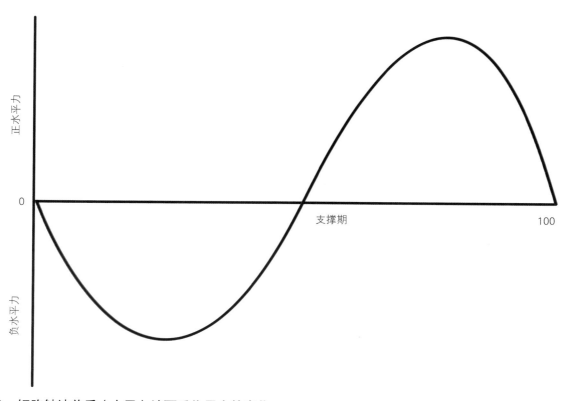

图3.3　短跑触地前后（水平）地面反作用力的变化

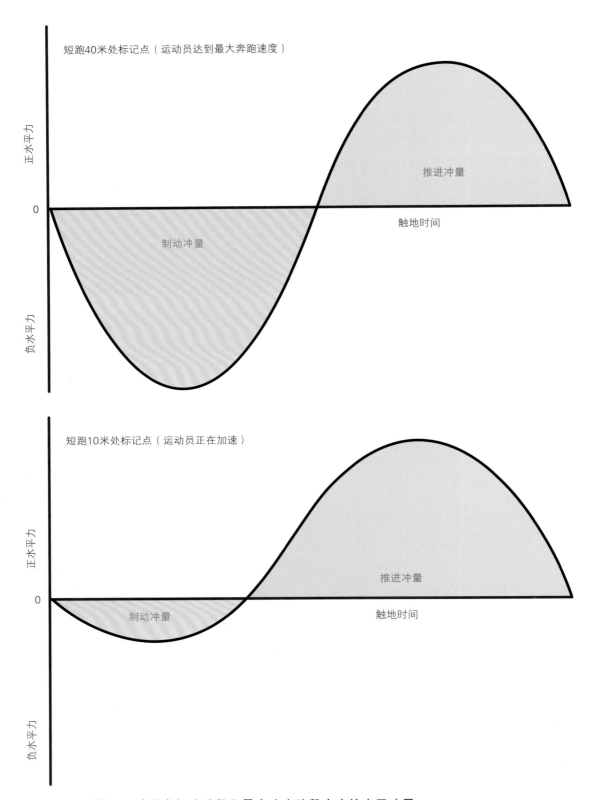

图 3.4　短跑期间运动员在加速阶段和最大速度阶段产生的水平冲量

表3.1 短跑不同阶段的触地距离

短跑阶段	第1阶段 （从起跑器开始）	第2阶段 （从起跑器开始）	第3阶段 （从起跑器开始）	16米处	50米处
触地距离 / 米*	−0.13	−0.04	0.05	0.25	0.40

前三个阶段（Mero et al.，1983），起跑后16米处（Hunter et al.，2004a），（Alexander，1989b）。

*注：负值表示足部在运动员身体（质心）后方的触地距离，正值意味着触地时足部在身体（质心）前方着地。

　　虽然足部落在相对于运动员身体（质心）后方能减少制动冲量，但是在加速阶段距离身体（质心）太远可能导致腿部处于无法有效发力的不良姿势（Bezodis et al.，2009）。此外，在最大速度阶段，足部不必在身体（质心）正下方着地，因为世界上成绩保持在10秒内的一些顶级百米短跑运动员在最大速度阶段的触地距离为0.31米（Ito et al.，2008），与其他成绩在11秒内的短跑运动员相同（Fuduka et al.，2004）。因此，在最大速度阶段，足部落在身体（质心）后方某处是有利的，超过这个位置反而会影响短跑成绩。尽管如此，在触地时脚步迈得太大，距离身体（质心）前方太远也是非常不利的。有关研究表明，优秀短跑运动员会控制触地距离（Alexander，1989b; Deshon et al.，1963; Mann et al.，1985; Mann et al.，1984）。研究建议短跑时应尽可能在身体（质心）附近蹬地，以降低支撑初期的减速影响。

触地时间

　　触地点距离身体（质心）过于靠后的一个可能结果是减少了在支撑期内每只脚与地面的接触时间。在加速阶段，触地时间通常介于0.12秒和0.20秒之间（图3.5），加速初期和后期分别处于该范围的两端。虽然较长的触地时间能给运动员更多的时间用于力的生成，从而产生更大的蹬地冲量，但是任何短跑的最终目的都是在最短的时间内通过一定的水平距离，因此仅仅增加触地时

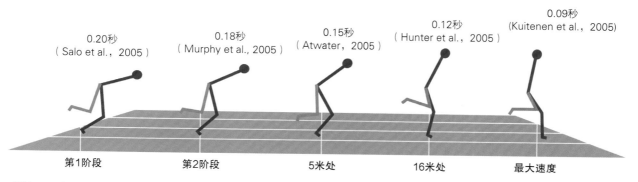

图3.5 短跑过程中的触地时间

间可能不利于冲量的提升。

因此，在加速阶段可能存在最佳触地时间：这个时间足以使运动员产生较大的水平分力，而不必缩短整体短跑时间或者使腿部超过发力的最佳位置（Bezodis et al.，2009）。不过，在加速初期触地时间大于0.20秒，在加速末期大于0.12秒都不利于短跑成绩。

大量有关最大速度阶段的研究表明，较短的触地时间与较好的短跑表现相关（例如，Weyand et al.，2000；Mann et al.，1985），并且该时间通常处于0.09秒和0.12秒之间（图3.5）。然而，在支撑期，较短的触地时间会相应减少向地面施力产生冲量的时间，使运动员的速度发生改变。因此，在与地面接触的较短时间内，增加蹬地力量对提高短跑成绩非常关键。这就在选择短跑专项力量训练时引发了一些重要问题（例如，考虑不同增强式运动中的接触时间）。

地面反作用力

虽然触地时间是一个影响短跑表现的重要变量，但正如上述所示，触地时间内产生较大力量对于提供足够的冲量来克服惯性、制动力和重力的影响至关重要。然而，作用力的大小和方向会随着短跑的进程而改变。由于作用力是运动的根本原因，因此理解这些差异可以为提升速度的力量训练提供最优方案。

随着从加速阶段进入最大速度阶段，净水平推进冲量慢慢减小，但对地面施加的峰值垂直力逐渐增加（Hunter et al.，1994；Salo et al.，2005）。研究已经证明，在加速中期（16米），与单位体重的垂直冲量（17%）相比，单位体重的水平冲量（61%）更能够准确预测短跑成绩（Hunter et al.，2005b）。这表明，为了使加速度最大化，应该产生足够的垂直冲量来克服重力，并创造可以满足下肢摆动所需的腾空时间，同时其他所有力量储备都应该用于生成水平推进力（Hunter et al.，2005b）。

随着加速阶段的进一步推进，净水平推进冲量的减少会导致运动员的速度增量逐渐下降。在某一点，水平推进冲量等于方向相反的制动冲量，运动员将保持最大速度奔跑。在最大速度阶段，运动员需要足够的水平分力来克服空气阻力和水平制动力的影响，余下的作用力都在垂直方向上克服重力作用以维持最大速度。因此，随着短跑的进行，所需的地面反作用力方向从水平逐渐变为垂直。

在最大速度下，那些能够在触地时（相对于体重）表现出更高峰值垂直力的运动员将会达到更高的跑速（Weyand et al.，2000）。本质上，更高峰值的垂直力会使运动员产生必要的垂直冲量来克服重力的影响，更快地"反弹"离地，从而缩短触地时间。跑速更快的运动员能产生更大的垂直反作用力从而减少触地时间，在增加步频的同时不会缩短步长（在较小的峰值垂直力下可能会出现步长缩短）。

尽管对垂直力和水平力的生成（相对于地面）以及力量练习的选择进行综合考量十分重要，但需要注意的是，无论身体相对于地面的运动方向如何，骨骼肌的功能都不会发生改变。提到肌肉时，更多的是考虑它们对骨骼末端施力的方式，而下肢关节角度与躯干位置才是决定触地时施力方向的重要因素。例如，无论运动员的躯干和下肢在加速过程中的位置是为了水平施力，还是在最大速度过程中的垂直施力，小腿肌群都会对其末端的骨骼施加力，使踝关节跖屈。因此，当通过力量训练发展短跑的加速能力时，显然模仿加速阶段时的躯干前倾姿势可能不太合适，特别是在超负荷训练情况下尤为如此。

关节运动机制与动力学

在触地期间，作用力由水平方向到垂直方向的变化仍然非常重要，因为身体形态差异会影响关节运动范围、关节运动速度和关节用力模式。这些因素还会影响下肢肌肉在支撑阶段力量表达的相对贡献率，因此在制订力量训练计划时，应考虑到上述差异对运动员神经肌肉系统需求的改变，更好地针对不同的力量阶段或个体不足。

无论短跑阶段如何，踝关节以足背屈触地，支撑期的其余阶段跖屈触地（Bezodis et al.，2008；Jacobs et al.，1992；Johnson et al.，2001）。从背屈到跖屈的过渡时间在支撑期的不同阶段有所不同——在短跑启动后第1阶段过渡时间约占30%（Jacobs et al.，1992），在中程加速阶段约占50%（Johnson et al.，2001），在最大速度阶段约占60%（Bezodis et al.，2008）。当踝关节在支撑初期背屈时，跖屈肌通过能量消耗（净离心收缩）帮助减缓身体向下的速度（Bezodis et al.，2008；Jacobs et al.，1992；Johnson et al.，2001）。当背屈结束时，这些肌肉就会产生力量（净向心收缩），以拉伸踝关节并促使身体进入下一次腾空（Bezodis et al.，2008；Jacobs et al.，1992；Johnson et al.，2001）。在加速早期阶段踝关节做负功，因此表现为总功小于生成的能量（例如，跖屈肌主要进行净离心收缩而非净向心收缩）。当运动员进入中程加速阶段，踝关节能量消耗与生成大致相同；在最大速度阶段，能量消耗超过能量生成（例如，跖屈肌需要更多地进行净离心收缩而非净向心收缩）。因此，踝关节能量生成在加速早期阶段明显高于最大速度阶段（净离心收缩）。

在加速阶段，水平制动力在支撑初期就会减缓其伸膝速度，膝关节通常在触地后前伸（Jacobs et al.，1992；Johnson et al.，2001）。膝关节周围的肌肉在支撑期最初几毫秒中产生净屈膝力矩，接着在支撑期剩余时间，屈膝力矩会使膝关节前伸（Jacobs et al.，1992），膝关节肌肉主要进行向心收缩。在最大速度阶段，膝关节在支撑期的前60%的时间屈曲（Bezodis et al.，2008）。或许是由于随着跑动行程的推进，制动力的影响也会随之加大，因此与加速阶段相比，这个阶段通常存在更大幅度的屈膝肌力矩使得伸膝肌离心收

缩。短时触地之后，伸膝肌群占据主导，终止身体的负向速度，并且在支撑末期向心收缩产生正向速度（Mann，1981）。由于这些短跑阶段的差异，膝关节更多地在加速早期进行净向心收缩，而在后续阶段，膝部肌群更多地发挥着补偿作用（Bezodis et al.，2008）。整个短跑的过程中，膝关节周围肌群在蹬地之前就会切换到以屈膝模式为主导，以结束地面接触。

在短跑的所有阶段，整个支撑期内髋关节处于伸髋模式（Bezodis et al.，2008；Hunter et al.，2004；Jacobs et al.，1992；Johnson et al.，2001；Mann et al.，1980）。在支撑期初期，髋关节周围肌肉起伸髋作用，增加伸髋力矩，因此向心功率对于短跑成绩至关重要（Mann et al.，1980）。在足趾蹬离地面之前，伸髋力矩已转为屈髋力矩，以减小髋部伸展速度（屈髋肌群离心收缩），使大腿为之后进入摆动期做准备。然而，伸髋转为屈髋的时间节点可能因人而异，与短跑的各个阶段无关（Bezodis et al.，2008；Hunter et al.，2004；Jacobs et al.，1992；Johnson et al.，2001）。因此，虽然髋关节在整个支撑期处于伸展状态，但是在支撑期的某个时段，其周围肌群实际上进入能量消耗（净离心收缩）模式，以降低下肢速度。由于个人力量水平的差异，这种"转换"发生的阶段可能因人而异。例如，能够产生一个较大伸髋力矩的运动员可能需要更快过渡到屈髋力矩，以免延长支撑期。

在专项力量训练阶段，应进一步考虑短跑各阶段支撑期始末的关节角度。该项分析使得在某些力量运动中可以通过相近的起点和终点位置（即可比较的运动范围），实现最大程度的加速或最大速度训练迁移。图3.6显示了在加速（大约5米）阶段和最大速度（大约50米）阶段下肢在触地和足趾离地时的大致关节角度。一般而言，踝关节、膝关节和髋关节在加速阶段触地时的屈曲角度比最大速度阶段的更大（Wild，2011）。在足趾蹬离地面时，除了髋关

节在加速阶段离开地面时更加伸展以外，膝关节和踝关节角度变化较为相近（Wild，2011）。

腿部刚度

到目前为止，似乎在较短的触地时间内产生的作用力大小和速率对短跑表现至关重要。已经表明在更高的跑速下支撑力也会提升，这种在肌肉活动中出现的变化可以改变腿部的刚度（Kuitunen et al.，2002）。有研究提出，腿部刚度会随着短跑速度的增加而增加（Arampatzis et al.，1999; Luhtanen et al.，1980）。刚度越大，则弹性势能的贡献率越高，进而可能提高力的生成 Farley et al.，1999）。

事实上，腿部刚度已被证实与最大速度的短跑有关，但与加速跑无关（Bret et al.，2002; Chelly et al.，2001）。

依据前文讨论过的关节运动机制和动力学可以很好地理解这一内容。除了髋关节的活动以外，重点是随着短跑进程的推进，肌肉活动从能量生成（净向心收缩）向能量消耗（净离心收缩）转换。在加速中后期和最大速度阶段，由于承受较大的峰值垂直力和水平制动力，离心收缩和伸长–缩短循环作用的重要性会不断增加。研究发现，随着触地时间的缩短，支撑期抵抗拉伸

的能力即腿部刚度与最大速度阶段更为相关。然而，在加速早期向心力与短跑成绩关系更为密切（Bret et al.，2002; Sleivert et al.，2004）。也就是说，踝关节刚度在加速阶段仍然是一种非常关键的素质。

摆动阶段

足趾离地

典型的有效腿部摆动阶段具有同侧腿在向下触地之前，该侧膝关节和髋关节快速屈曲至高位提膝姿势的特征。优秀短跑运动员的支撑腿在完全伸展之前就已经蹬离了地面，即足部离地前膝关节仍然呈轻微屈曲姿势（约150°，图3.6）（Jacobs et al.，1992; Johnson et al.，2001; Mann et al.，1984; Mann et al.，1985）。这个动作有助于腿部在蹬离地面后快速摆动，此时向前提起摆动腿的膝关节将会进一步提升跑速。

膝关节最大屈曲角度

教练员通常会建议，蹬离地面的同侧足跟应该随着髋关节的屈曲向股后肌群上方摆动（Bosch et al.，2005; Deshon et al.，1963; Fenn，1930）；同时，较小的膝关节峰值屈曲角

髋关节角
膝关节角
踝关节角
50米处　　　　　　　　　　　　　　　　5米处

图3.6　在短跑期间着地和足趾离地时的下肢关节角度

度可能与较快的冲刺速度有关（Ito et al., 2008）。这样，通过减少髋关节周围惯性力矩可以使大腿较快转动。这一模式的确在短跑的最大速度阶段非常有效，研究已经证明此阶段运动员的膝关节最大屈曲角可以达到约40°（图3.7）（Mann et al., 1985；Ito et al., 2008）。如果摆动腿向前摆动缓慢，则前导腿就必须"等待"摆动腿跟随，这可能会增加摆动腿膝关节的最大屈曲角度，从而产生更大的前部髋关节角。然而，在加速早期阶段，必须将摆动腿的足跟靠近地面，更加直接地向前运动（图3.7）；所以加速阶段的腿部动作更加类似"活塞"运动，而在最大速度阶段时则近似圆周运动。这也为运动员提供了一种策略，即在加速时应当让运动员在支撑期有充分的时间产生水平推进力，以获得最大的水平速度。

最大屈膝时的髋关节角

在膝关节屈曲角度达到峰值时，同侧腿的髋关节角也是关键技术指标之一。跑速更快的运动员在加速早期阶段和最大速度阶段，髋关节相对于躯干的角度（前部髋关节角）更小，分别约为

110°和130°（Wild，2011）。正如上述所说，支撑腿必须"等待"摆动腿的跟随。在膝关节屈曲角度处于峰值时，髋关节角（髋关节相对于躯干前倾）更小的运动员将达到步幅周期的更高阶段。另外，足部触地瞬间的两膝间水平距离也是一个重要指标，通常认为距离越小越好。

最大髋关节角

摆动腿上摆至高提膝位（约为90°，图3.8；Mann et al.，1984；Wild, 2011）有助于之后足部主动下蹬的速度。在这种情况下，支撑腿触地期间同侧腿髋关节向前旋转形成的力矩可能决定另一侧腿的力矩及其向后摆动的幅度（即提膝）。因此，通过力量训练增强髋部力量对于提高抬腿能力（高膝位）非常重要。

通过专项力量训练提高短跑技术

摆动腿在进入下一步前通过支撑腿的"交叉"动作被认为与人体的反射活动相关（Bosch et al.，2005；Zehr et al.，1999）。事实上，在摆动阶段（同一侧腿从足部蹬离地面至再次触地的

最大速度阶段　　　　　　　　　　　　　加速早期阶段

图3.7　膝关节最大屈曲时的髋关节角

最大速度阶段   加速早期阶段

图3.8　最大髋关节角

过程中），下肢重新定位所需的大部分能量似乎是由能量传递的被动机制提供的，而非肌肉力量（Weyand et al., 2010；Weyand et al., 2000）。这意味着，在短跑时，运动员借助反作用力向地面表达力的能力决定了他们的运动——这与牛顿第三运动定律一致。增强地面反作用力的两个方法是提高专项力量素质和提升短跑技术。同样，运动员的力量水平可能与教练员认可的一些技术指标有关。

例如，较短的触地距离可能会减少与地面接触的时间。如果一名运动员的触地时间缩短了，则对地面作用的时间会减少，决定短跑速度的冲量也随之减小。运动员应在较短的触地时间内增大对地面的作用力以免影响其他有关因素，如步长，否则冲量会显著减小。较短的触地时间内增大对地面作用力的方法之一就是有针对性地提升专项力量素质。例如，加强反应力量和腿部刚度可以为运动员提供一种策略，通过这种策略，随着时间的推移，运动员在最大速度阶段可以不必缩短步长就反射性地减少触地距离和触地时间。初步研究表明，在短跑各个阶段，不同力量素质与一些技术指标存在相关性（Wild，2011）。

步长与步频

运动员的奔跑速度等于步长与步频的乘积。之前有许多围绕影响短跑表现变量的争论。最近证实运动员的表现对步长或步频的依赖程度因人而异（Salo et al., 2011）。即当其中一个值比另一个值高时，就会达到个人的最佳表现。确定并识别运动员的步长或步频优势需要借助生物力学设备加以解释，这已超出本书范围，故不做讨论。一旦确定下来（部分教练员可以不借助设备就辨别出来），则在专项训练期间，应根据运动员个人情况制订个性化训练方案，以着重提高某一变量水平。

小结

短跑生物力学的相关知识能够有效指导针对提高运动员冲刺成绩的力量训练。触地阶段是短跑过程中最重要的阶段，因为地面反作用力的大小决定了运动员的跑速，而摆动阶段主要依赖被动能量传递机制而非肌肉力量。触地时间随着短跑的进行而变化（缩短），在各个阶段中能够在较短接触时间内获得较大的作用力对于短跑表现至关重要。

除作用力的大小以外，也应该考虑到在不同短跑阶段的作用力方向，水平冲量和垂直冲量分别在加速阶段和最大速度阶段起重要作用。但力量训练方法不应以牺牲超负荷为代价来模拟方向上的差异，因为肌肉的运动形式并未发生变化。不论身体运动方向如何，下肢肌肉仍会对其末端产生扭转肢体部位所需的拉力，即广义上的下肢三关节伸展动作模式。

身体方向和不同关节角度确实会影响下肢关节周围肌肉快速旋转关节和产生作用力的效果，这取决于关节和短跑所处的不同阶段。除髋关节运动以外，随着短跑行程的推进，肌肉活动的重点由产生能量（净向心收缩）转为消耗能量（净离心收缩）。在加速中后期和最大速度阶段，由于承受较大的峰值垂直力与水平制动力，离心收缩和伸长–缩短循环机制的重要性会不断上升。而在加速早期向心功率更为重要。

最后，一些关键技术指标在短跑摆动阶段较为重要，与提高短跑效率有关。从力量训练角度来看，通过提升专项力量素质、增加速率和地面反作用力大小可以最大程度地发挥摆动机制。

参考文献

Alexander, M. (1989b). The relationship between muscle strength, sprinting kinematics and sprinting speed in elite sprinters. *Track and Field Journal, 5*, 7–12.

Arampatzis, A., Bruggemann, G. & Metzler, V. (1999). The effect of speed on leg stiffness and joint kinetics in human running. *Journal of Biomechanics, 32*, 1349–1353.

Bezodis, I., Kerwin, D. & Salo, A. (2008). Lower-limb mechanics during the support phase of maximum-velocity sprint running. *Medicine and Science in Sports and Exercise , 40*, 707–715.

Bezodis, N., Salo, A. & Trewartha, G. (2009). Development, evaluation and application of a simulation model of a sprinter during the first stance. In A. J. Harrison, R. Anderson & I. Kenny (Ed.), *In Proceedings of XXVII International Symposium on Biomechanics in Sports* (pp.108–111). Limerick: University of Limerick Press.

Bhowmick, S. & Battacharyya, A. (1988). Kinematic analysis of arm movements in sprint start. *Journal of Sports Medicine and Physical Fitness, 28*, 315–323.

Bosch, F. & Klomp, R. (2005). *Running: Biomechanics and Exercise Physiology Applied in Practice*. London: Elsevier.

Bret, C., Rahmani, A., Dufour, A., Messonnier, L. & Lacour, J. (2002). Leg strength and stiffness as ability factors in 100m sprint running. *Journal of Sports Medicine and Physical Fitness, 42*, 274–281.

Chelly, S. & Denis, C. (2001). Leg power and hopping stiffness: relationship with sprint running performance. *Medicine and Science in Sports and Exercise , 33*, 326–333.

Deshon, D. E. & Nelson, R. C. (1963). A cinematographical analysis of sprint running. *Research Quarterly, 35(4)*, 451–455.

Farley, C. & Morgenroth, D. (1999). Leg stiffness primarilty depends on ankle stiffness during human hopping. *Jounral of Biomechanics, 32*, 267–273.

Fenn, W. O. (1930). Work against gravity and work due to velocity changes in running. *American Journal of Physiology, 93*, 433–462.

Fuduka, K. & Ito, A. (2004). Relationship between sprint running velocity and changes in the horizontal velocity of the body's center of gravity during the foot contact phase. *Japanese Journal of Physical Education, 49*, 29–39.

Hinrichs, R. (1987). Upper extremity function in running. II: angular momentum considerations. *International Journal of Sports Biomechanics, 3*, 242–263.

Hinrichs, R., Cavanagh, P. & Williams, K. (1987). Upper extremity function in running.I: centre of mass propulsion considerations. *International Journal of Sports Biomechanics, 3*, 222–241.

Hirvonen, J., Nummela, A., Rusko, H., Rehunen, S. & Härkönen, M. (1992). Fatigue and changes of ATP, creatine phosphate and lactate during the 400-m sprint. *Canadian Journal of Sports Sciences, 17*, 141–144.

Hunter, J. P., Marshall, R. N. & McNair, P. J. (2004). Segment-interaction analysis of the stance limb in sprint running. *Journal of Biomechanics*, 1439–1446.

Hunter, J. P., Marshall, R. N. & McNair, P. J. (2005).

Relationships between ground reaction force impulse and kinematics of sprint-running acceleration. *Journal of Applied Biomechanics, 21,* 31–43.

Hunter, J., Marshall, R. & McNair, P. (2004a). Reliability of biomechanical variables of sprint running. *Medicine & Science in Sport & Exercise , 36,* 850–861.

Ito, A., Fukuda, K. & Kijima, K. (2008). Mid-phase movements of Tyson Gay and Asafa Powell in the 100 metres at the 2007 World Championships in Athletics. *IAAF Nee Studies in Athletics, 23,* 39–43.

Jacobs, R. & Ingen Schenau, G. (1992). Intermuscular coordination in a sprint push-off. *Journal of Biomechancs, 25(9),* 953–965.

Johnson, M. D. & Buckley, J. G. (2001). Muscle power patterns in the mid-acceleration phase of sprinting. *Journal of Sports Sciences, 19,* 263–272.

Kuitunen, S., Komi, P. & Kyrolainen, H. (2002). Knee and ankle joint stiffness in sprint running. *Medicine and Science in Sports and Exercise , 34,* 166–173.

Luhtanen, P.& Komi, P. (1980). Force-, power-, and elasticity-velocity relationships in walking, running and jumping. *Europeam Journal of Applied Physiology, 44,* 279–289.

Mann, R. (1981). A kinetic analysis of sprinting. *Medicine and Science in Sports and Exercise, 13,* 325–328.

Mann, R.& Herman, J. (1985). Kinematic analysis of Olympic sprint performance: men's 200 meters. *International Journal of Sport Biomechanics, 1,* 151–162.

Mann, R. & Sprague, P. (1980). A kinetic analysis of the ground leg during sprint running. *Research Quarterly for Exercise and Sport, 51,* 334–348.

Mann, R., Kotmel, J., Herman, J., Johnson, B. & Schultz, C. (1984). Kinematic trends in elite sprinters. In J. Terauds, K. Barthels, E. Kreighbaum, R. Mann & J. Crake (Ed.), *Proceedings of International Symposium on Biomechanics in Sports* (pp. 17–33). Del Mar: Academic Publishers.

Mero, A. & Komi, P. (1992). Biomechanics of sprint running: a review. *Sports Medicine, 13,* 376–392.

Mero, A. & Komi, P. (1994). EMG, force, and power analysis of sprint-specific strength Exercises. *Journal of Applied Biomechanics, 10,* 1–13.

Mero, A., Luhtanen, P. & Komi, P. (1983). A biomechanical study of the sprint start. *Scandinavian Journal of Sports Sciences, 5,* 20–28.

Murphy, A., Lockie, R. & Coutts, A. (2003). Kinematic determinants of early acceleration in field sport athletes. *Journal of Sports Science and Medicine, 2,* 144–150.

Payne, A., Slater, W. & Telford, T. (1968). The use of a platform in the study of athletic activities. *A preliminary investigation. Ergonomics, 2,* 123–143.

Ross, A., Leveritt, M. & Riek, S. (2001). Neural influences on sprint running: training adaptations and acute responses. *Sports Medicine, 31,* 409–425.

Salo, A., Bezodis, I., Batterham, A. & Kerwin, D. (2011). Elite sprinting: are athletes individually step-frequency or step-length reliant? *Medicine & Science in Sport & Exercise , 43,* 1055–1062.

Salo, A., Keranen, T. & Viitasalo, J. (2005). Force production in the first four steps of sprint running. In Q. Wang (Ed.), *XXIII International Symposium on Biomechanics on Sport* (pp. 313–317). Beijing: The China Institute of Sports Science.

Sleivert, G. & Taingahue, M. (2004). The relationship between maximal jumo-squat power and sprint acceleration in athletes. *European Journal of Applied Physiology, 91,* 46–52.

Weyand, P., Sandell, R., Prime, D. & Bundle, M. (2010). The biological limits to running speed are imposed from the ground up. *Journal of Applied Physiology, 108,* 950–961.

Weyand, P., Sternlight, P., Bellizzi, M. & Wright, S. (2000). Faster top running speeds are achieved with greater forces not more rapid leg movements. *Journal of Applied Physiology, 89,* 1991–1999.

Wild, J. (2011). Relationships between jumping performances and leg kinematics during sprint running. *Unpublished Thesis,* St Mary's University College.

Wood, G. (1987). Biomechanical limitations to sprint running. In B. van Gheluwe & J. Atha (Ed.), *Medicine and sports science. 25,* pp. 58–71. Basel: Karger: Current Research in Sports Biomechanics.

Zehr, P. & Stein, R. (1999). What functions do reflexes serve during human locomotion? *Progress in Neurobiology, 58,* 185–205.

第四章

个人训练课程的设计

在设计个人训练课程时，需要考虑很多变量。每个变量都会根据运动员的年度训练计划、训练年龄以及其他与个体相关的因素和所处的阶段而有所不同。因此，应该根据特定的目标适应性来操控这些变量。鉴于此，应该考虑诱导这些适应性所需的刺激类型，在训练课程中体现所选择的练习类型、运动员完成练习的次序、训练的强度、休息程度及其他的因素。

训练年龄

设计个人训练课程的一个关键因素是确定运动员的训练年龄。就本书而言，运动员的训练年龄取决于其持续接受结构合理的力量训练的时长（表4.1）。

表4.1　确定运动员的训练年龄

训练年龄*	接受结构合理的力量训练的时长
初级	小于1.5年
中级	1.5~3年
高级	大于3年

*三个训练年龄连续衔接，且没有明确界限。

确定运动员的训练年龄有两个很重要的原因。首先，从安全角度来看，这能够避免对运动员肌肉骨骼系统施加太大应力，以防其受伤。考虑到这一点，训练时运动员的训练强度和训练量一定要循序渐进。随着运动员训练状态渐入佳境，肌肉和结缔组织才能够为接受更大的训练负荷做好充分准备。同时，目标训练强度和训练量也要根据运动员的训练年龄决定，并且应随时间而变化（表4.2~表4.8）。其次，确定运动员的训练年龄对实现其力量训练效果最大化也极其重要，因为运动员各种训练变量的最佳剂量也要根据训练年龄来确定（Peterson et al.，2005）。本章后面将详细探讨力量训练的剂量反应关系。

不同力量素质训练课程设计

力量–速度关系

在探索专项力量训练适应性的最佳力量训练剂量之前，了解力量和速度的关系对于个人课程设计是很重要的。力量–速度曲线（图2.6）描绘了肌肉向心收缩期间力量和速度之间的反比关系。该曲线意味着最大力量只能在静止或低速下发生，而最大速度只能在无负重或低负重下获得。简单来说，负重越轻，移动的速度就越快。还应注意的是，在某些运动项目中（例如，奥林匹克举重或重型轮胎翻转），运动员的负重很大，但移动速度也很快。

从理论上讲，经过长时间的最大力量训练后，运动员的适应性变化提高了其在大负重下的高速运动能力，但在低负重下速度仍会降低。相反，仅以速度为核心的低负重训练使运动员能够在较低负重下高速运动，而在较高负重下速度会降低。因此，长期训练的组合方式应当是沿整个曲线同时提升速度和力量能力（力量–速度曲线整体右移）。

最大力量

次最大负重的最大力量训练（通常又称为基础力量、增肌训练或力量耐力训练）是发展肌肉和结缔组织耐受性，为将来更大强度的力量训练做准备的有效手段。建议将此类训练作为大多数初级运动员的起点，并用于全年赛季的所有阶段。对于中级和高级运动员，经过上一赛季后的调整期后，这类训练通常在下一赛季的初期进行（参见第五章"周期"）。一般来说，通过这类训练可以有效增肌。

最大负重的最大力量训练主要用于增加相对力量，因此，通过这类训练实现的力量增益与神经适应性更加相关。最佳训练变量参数可以在表4.2中找到。现已证明最佳力量训练量取决于运动

表4.2　提升最大力量的个人训练计划中的训练变量

初级

练习的次数	RM（最大重复次数）	%1RM（1次最大重复重量百分比）	重复次数的范围	组数	组间休息时间/分
6~8	12	67	10~12	2~4	1~1.5
6~8	11	70	9~11	2~4	1~1.5
6~8	10	75	8~10	2~4	1~1.5
5~6	9	77	7~9	2~4	1.5~2
5~6	8	80	6~8	2~4	1.5~2
3~4	7	83	5~7	2~4	2~2.5
3~4	6	85	4~5	2~4	2~2.5
3~4	5	87	3~4	2~4	2~2.5

中级

练习的次数	RM（最大重复次数）	%1RM（1次最大重复重量百分比）	重复次数的范围	组数	组间休息时间/分
6~8	10	75	9~10	3	1.5~2
6~8	9	77	8~9	3	1.5~2
5~6	8	80	6~8	3~5	2~2.5
5~6	7	83	5~7	3~5	2~2.5
4~5	6	85	4~6	3~5	2.5
4~5	5	87	3~5	3~5	2.5
4~5	4	90	2~3	3~5	3

高级

练习的次数	RM（最大重复次数）	%1RM（1次最大重复重量百分比）	重复次数的范围	组数	组间休息时间/分
5~7	8	80	7~8	3~6	2
5~7	7	83	6~7	3~6	2
5~7	6	85	5~6	3~6	2~2.5
4~6	5	87	4~5	4~6	2.5~3
4~6	4	90	3~4	4~6	3~4
4~6	3	93	2~3	4~6	3~4
4~6	2	95	1~2	4~6	3.5~4
4~6	1	100	1	4~6	5+

左侧分类：

最大力量发展训练

- 较大重量：增加肌肉的力量和体积/量　功能性

- 重大/接近重大重量：增加肌肉力量至功率更重要/肌力量，增加的数量/增加肌纤维横断面积 II 增加肌纤维的募集率

表4.3　最大力量训练推荐练习动作

下肢双侧练习	下肢单侧练习	上肢拉力练习	上肢推力练习
背蹲	上台阶	俯身杠铃划船	平板杠铃卧推
前蹲	箭步	正手引体向上	斜板杠铃卧推
过顶深蹲	单腿深蹲	反手引体向上	窄握平板卧推
腿推举	原地分腿蹲	单臂俯身划船	平板哑铃卧推
硬拉	保加利亚分腿蹲	仰卧划船	斜板哑铃卧推
罗马尼亚硬拉	单腿推举		哑铃肩上推举
北欧式屈膝俯卧撑	单腿罗马尼亚硬拉		杠铃肩上推举
臀腿抬高	单腿提踵		俯卧撑
蹲起拉力器前平拉			
瑞士球仰卧抬腿			

员的训练年龄。查阅许多不同研究成果后，发现剂量–反应连续体显然是存在的，因此力量训练量应随训练年龄一起增加（Peterson et al.，2005）。简单地说，实现最大力量增益的力量训练量是根据训练年龄而变化的，见表4.2。

　　最大力量训练课程通常进行复合多关节推举练习。表4.3列出了一些推荐练习动作，也可在第六章"练习库"中检索。请注意，这些练习适用于所有训练年龄的运动员，只要以合理的技术进行即可。在练习动作的向心阶段，运动员的目的应该是爆发性地举重并且更稳定地将重心下移（离心阶段），同时控制好身体。无论实际的运动速度如何，它都更有利于提高发力率（Behm et al.，1993）。与任何新动作一样，只有当运动员学会正确、安全地做这个动作时才能逐渐增加负重。

爆发力

　　如前所述，由于短跑的时间限制，运动员的施力速度可能比他们产生的最大力量更加重要。爆发力（弹振式）练习要求运动员在整个运动过程直到释放或离地时刻都要持续加速；同样，在推举动作时也不能出现任何减速阶段（Newton et al.，1996）。因此，要训练拮抗肌以降低它们在向心运动时的减速限制。与相似的最大力量练习相比，进行爆发力训练时的向心

速度、力量、功率和肌肉激活率更高（Cormie et al.，2007；Newton et al.，1996）。此外，在爆发力训练中，通过变化负重区间练习也可以提高功率（Cormie et al.，2007；McBride et al.，2002），让所有训练年龄段的运动员都可以提高其力量输出能力。这也意味着力量–速度曲线上的不同坐标点都能提升力量（图2.6）。表4.4中的建议对这些区间范围进行了解释。

　　与最大力量训练类似，在大负重情况下，爆发力训练更有可能动员较多的高阈值运动单位。与较低负重的推举练习相比，更能提升力量–速度曲线中靠近"力量"端的发力率（图2.6）。在低负重下，爆发力训练更可能降低拮抗肌的共收缩，减小力量–速度曲线靠近"速度"端的发力率（图2.6）。

　　较大负重训练和较低负重训练共有的适应性（表4.4）也适用于力量–速度训练中的某些情况。较低负重下的爆发力训练可能与短跑表现相关性更大，因为对抗较低外部阻力下的快速运动需要高功率输出。

　　研究证明，促发生成最大功率的最佳负重根据运动类型的不同而变化。例如，反向跳（countermovement jump，CJ）中实现最大功率的最佳负重为0的1RM背蹲（Cormie et al.，2007）。而在进行奥林匹克举重练习（下蹲翻和下蹲抓）时，70%~80%的1RM负重可以产生最大功率

表4.4　提升爆发力的个人训练计划中的训练变量

爆发力发展训练		
大负重	中等负重	低负重
增加Ⅱ型运动单位的募集，增加速率编码，中到高速的发力率，肌间协调	更早地募集Ⅱ型运动单位，增加速率编码，高到中速的发力率，肌间协调，减少拮抗肌的共收缩	更早地募集Ⅱ型运动单位，增加速率编码，非常高速的发力率，肌间协调，减少拮抗肌的共收缩

初级

	练习的次数	最大重复次数（RM）	1次最大重复重量百分比（%1RM）	重复次数的范围	组数	组间休息时间/分
大负重	3~4	9	77	5~6	2~4	2.5
		8	80	4~5		
		7	83	3~4		2.5~3
中等负重	3~4	—	30	3~4	2~4	2.5~3.5
		—	45			
		—	60			
低负重	3~4		0	1~6	2~4	2.5~3.5
			10			
			20			

中级

	练习的次数	最大重复次数（RM）	1次最大重复重量百分比（%1RM）	重复次数的范围	组数	组间休息时间/分
大负重	3~4	9	77	5~6	3~5	2.5
		8	80	4~5		
		7	83	3~4		3
		6	85	2~3	4~5	3~3.5
中等负重	3~4	—	30	3~4	3~4	2.5~3.5
		—	45			
		—	60			
		10	75			3.5~4
低负重	3~4	—	0	1~8	3~4	2.5~4
		—	10			
		—	20			
		—	30			

高级

	练习的次数	最大重复次数（RM）	1次最大重复重量百分比（%1RM）	重复次数的范围	组数	组间休息时间/分
大负重	3~5	8	80	4~5	3~5	3~3.5
		6	85			
		4	90	2~3		3~4
		2	95	1~2	4~6	3.5~4
		1	100	1		4~5
中等负重	3~5	—	35	3~6	3~5	2.5~4
		—	45			
		—	60			
		10	75			3~5
低负重	3~4	—	0	1~8	3~5	2.5~5
		—	10			
		—	20			
		—	30			

（Cormie et al.，2007）。

表4.5列出了爆发力训练的推荐动作，有些动作可以在第六章"练习库"中检索到。运动员进行这些练习时，应当有意识地强调最大爆发动作。

表4.5　爆发力训练推荐练习动作

负重情况	动作*
大负重	下蹲翻
	悬垂下蹲翻
	髋部悬垂下蹲翻
	下蹲抓
	悬垂下蹲抓
	髋部下蹲抓
	高拉
	悬垂拉
	髋部高拉
	挺举
	轮胎翻转
中等负重	以上所有动作，加上以下动作：
	单臂哑铃挺举
	蹲跳
	反向跳
	爆发式上台阶
	实心球后抛
	卧推抛起
	牵引雪橇跑
低负重	实心球俯冲投掷
	实心球后抛
	实心球跳跃投掷接冲刺
	跳箱
	立定跳远
	低手投掷实心球
	反向分腿蹲跳
	单一障碍跳
	蹲跳
	反向跳
	爆发式上台阶
	牵引雪橇跑
*这些练习要求经过一段时间的技术训练并建立力量基础之后，才能开展	斜坡加速跑
	爆发式俯卧撑
	站姿推送杠铃
	实心球下劈

反应力量

在力量-速度和运动模式特征上最类似短跑的活动才能最有效地对短跑表现产生帮助。基于此，通过运用包含增强式训练的反应力量训练最有可能实现训练效果的迁移。增强式训练主要涉及通过肌肉的伸长-缩短循环来进行各类自重跳跃（见第二章和第三章）。伸长-缩短循环增强了神经和肌腱系统在最短时间内输出最大力量的能力。增强式训练被视为最大力量与最大速度之间的"桥梁"（Chmielewski et al.，2006）。

增强式训练的强度通常很高。虽然有一些适合所有训练年龄人群的低强度练习，但有些练习会对神经和肌肉骨骼系统产生非常大的压力。除了训练良好的关节协调性和技术之外，在开始进行某项增强式训练之前，还应当具有强大的力量基础。

表4.6列出了推荐的增强式训练和它们的相对强度等级，以及进行某项增强式训练之前要达到的力量目标，并根据强度进行了分类。在开始更高强度的训练之前，先从低强度动作开始训练是明智的选择。

在进行增强式训练时，应遵循以下原则：

· 应将重点放在动作的质量而非数量上。一旦动作质量（即技术）和/或速度失控，应该立刻停止该组练习。

· 每次重复练习的动作都应以最大努力的爆发性动作进行。

· 落地时，重量应平衡分布于前脚掌，而不是足尖。

· 尽可能优先保证最短的触地时间。

· 练习应在柔软而稳固的地面上进行，比如草坪、空心地板和跑道。

在一次训练课中，增强式训练的训练量取决于所进行动作的类型和复杂性，并且通常由双脚

表4.6　不同增强式训练的分类及依据

强度等级	低	中	中高	高至极高
前提	良好的技术	良好的技术	良好的技术	良好的技术
	具备良好的深蹲技术(无外部负重情况下)	能够蹲起与自重相当的负重	能够蹲起1.3倍自重的负重	能够蹲起1.7倍自重的负重
	—	能够在6秒内完成5次蹲起40%自重的负重	能够在5秒内完成5次蹲起50%自重的负重	能够在5秒内完成5次蹲起60%自重的负重
	—	至少接受几个月的最大力量训练	至少接受几个月的中等强度的增强式训练	至少接受几个月的中高强度的增强式训练
练习示例	蹬踏动作	下落跳上跳箱(跳箱高度由低到低)	下落跳上跳箱(跳箱高度由低到高)	下落跳上跳箱（跳箱高度由高到低或由中等到中等）
	直腿跳	初级障碍反弹跳	连续跳远	跨步跳：高强度
	初级障碍弹跳	连续反向跳	中级障碍弹跳	中级障碍反弹跳：高强度
	单腿跳(次最大强度)	冲刺跨步跳	10%自重的负重背心冲刺跑	下落跳上跳箱(跳箱高度由高到高)：极高强度
			单腿跳（最大强度）	高级障碍反弹跳：极高强度
				单腿下落跳（跳箱高度≥35 cm）：极高强度

触地次数和/或练习重复次数决定。

表4.7列出了训练反应力量的最佳剂量，同时考虑了上述提及的因素。脚触地或重复方式可能根据所进行的动作类型而不同（表4.8）。

练习动作选择：一般-专项连续体

身体肌肉、器官和系统的任何变化或适应性都与进行的专项训练类型（应激）相对应。这涉及训练的专项性原则，简单地说，如果运动员想要提高短跑速度，他们就需要练习短跑。这就是将短跑作为提高跑速的主要训练的原因。这就引出了另一个问题：既然这是提高短跑表现最为专项的方法，为什么不能只是练习短跑呢？这是因为短跑练习的超负荷存在上限，仅仅简单地练习

表4.7　提升反应力量的个人训练计划中的训练变量

反应力量发展训练					
自重			低负重		
加强伸长–缩短循环的利用，极高速度下的发力率，刚度增加，肌间协调，减少拮抗肌的共收缩					
初级					
练习的次数	强度	脚触地次数	重复次数的范围	组数	组间休息时间 /分
2~4	低	30~80	4~10	2~4	1~3
	中	20~60	3~5		
中级					
练习的次数	强度	脚触地次数	重复次数的范围	组数	组间休息时间 /分
3~5	低	30~100	4~10	3~4	1~2
	中	30~80	4~6		2~3
	中高	20~60	3 ~ 6		2~4
高级					
练习的次数	强度	脚触地次数	重复次数的范围	组数	组间休息时间 /分
3~6	低	30~150+	4~10	3~6	1~2
	中	30~120	4~8		2~3
	中高		3~8		2~4
	高	20~100	3~6		3~5
	极高		3~5		

表4.8　根据练习类型进行的脚触地和重复次数分类

对1次脚触地的定义	练习	重复1次的定义	重复之间的休息
2次连续的单侧脚触地（即一侧脚完成起跳和落地，然后换另一侧脚）	蹬踏动作 冲刺跨步跳 负重背心冲刺跑 跨步跳	组与组距离间隔（通常10~30米） 组与组距离间隔（通常20~60米） 组与组距离间隔（通常30~50米） 组与组距离间隔（通常20~60米）	慢慢走回来恢复体力；运动：休息比率为1∶10
1次双脚触地（即双脚同时起跳并落地）	连续反向跳 连续跳远 下落跳上跳箱	跳1次	无 无 5~10秒
	障碍弹跳 障碍反弹跳	跳规定的次数（通常为4~8次）或1次来回跳	慢慢走回来恢复体力；运动：休息比率为1∶10
每侧脚都触地1次（例如，右侧脚连续5次单腿跳，然后左侧脚连续5次单腿跳，合计为5次触地）	单腿跳	每组间隔距离或1次单腿跳	
	单腿下落跳	1次跳跃	5~10秒

短跑无法产生更多的适应性，因此，进行较少的专项运动（例如，力量训练）可以显著地增加超负荷，使运动员通过该类型训练的适应实现训练效果向短跑表现的迁移。

因此，一般–专项连续体运动出现了，这种运动可以根据短跑的机械力学专项性合理使用力量训练。尽管很多一般性力量练习是运动员力量训练方案的基础，但选择更具短跑动力学特征的练习在某些时候同样十分重要。何时将这类练习作为训练计划的一部分，将在第五章"周期"中讨论。

第三章中短跑加速和最大速度之间的生物力学差异表明，练习动作的选择对于最大限度地将力量训练效果迁移到专项的短跑各阶段非常重要。大多数用于力量训练的练习方法可能适用于同时发展短跑的两个阶段。本书根据力量训练与短跑中加速和最大速度的动态相关性程度，将练习动作按层级进行了划分（表4.9）。

表4.9 基于短跑力学专项练习的动作分类

加速专项训练	最大速度专项训练	加速专项训练	最大速度专项训练	加速专项训练	最大速度专项训练
下蹲翻和下蹲抓变式练习 箭步和原地分腿蹲变式练习 深蹲和硬拉变式练习		立定跳远 实心球俯冲投掷	障碍弹跳 下落跳	雪橇冲刺跑 斜坡冲刺跑	高速跨步跳 负重背心冲刺跑
第1阶段练习		第2阶段练习		第3阶段练习	

低力学专项性 ⟶ 高力学专项性

第1阶段练习

第1阶段练习（表4.9，另见第六章"练习库"）能对地面产生高水平力量，通常用于训练神经肌肉适应性，如运动单位募集和放电频率（Hakkinen et al.，2003; Moritani et al.，1979; Narici et al.，1989）。这些练习与采用三伸展（髋、膝和踝关节）的运动模式输出力量的能力有关（Carroll，2001; Delecluse et al.，1995; Harris et al.，2008）。因此，高水平力量的最大力量练习（例如，深蹲和硬拉）和高水平力量、高速度练习（例如，下蹲翻和下蹲抓）都可以实现神经适应性，使运动员能够更有效地增加运动单位的数量（快肌纤维），这些对短跑中可观察到的运动模式有益（Haff et al.，2001）。

第2阶段练习

第1阶段练习并不一定与短跑的运动力学特征非常相似，因此进入更加专项的训练准备阶段时应当加入与短跑较为相似的练习，从而将第1阶段训练中获得的力量增益向短跑表现直接迁移。

第2阶段的练习通常用于提高发力率和反应力量，以便使短跑触地阶段的施力能力更强。短跑时相对较短的触地时间限制了运动员快速冲刺的能力。训练下肢最大力量所需的时间远远超过短跑期间的触地时间（Harridge et al.，1996）。基于以上原因，在专项训练阶段，建议用提高发力率的策略取代发展最大力量的策略。

通过提高对伸长–缩短循环机制的利用，第2阶段的大部分练习能够提高发力率（Cavagna et

al.，1968；Turner et al.，2010）。练习期间的触地时长反映了伸长-缩短循环机制作用的类型。有学者建议，触地时间低于0.25秒的为快速伸长-缩短循环，而触地时间超过0.25秒的为慢速伸长-缩短循环（Schmidtbleicher，1992）。虽然对伸长-缩短循环机制的理解仍然不完整，但快速伸长-缩短循环和慢速伸长-缩短循环可以实现不同的适应性（Bobbert et al.，1987），因此慢速伸长-缩短循环训练可能不适合涉及快速伸长-缩短循环的运动，反之亦然。

短跑所有阶段中的触地时间意味着其作用类型为快速伸长-缩短循环。然而，随着短跑行程的推进，触地时间呈现明显的差异，简单地将所有触地机制都定义为相同的快速伸长-缩短循环可能不准确，因为初期加速阶段的触地时间可能是最大速度阶段触地时长的两倍左右（图3.5）。现实中可能很少有训练（即增强式训练）的触地时间低于0.16秒，但应当尽可能地选择快速伸长-缩短循环连续体触地时间较短一端的训练以发展最大速度，选择慢速伸长-缩短循环连续体触地时间较长一端的训练以提升加速度（Young，1992）。虽然增强式训练和短跑中的触地时间不同，但是大量的增强式训练通常会发展更大的力量（Mero et al.，1994）。因此可以推断，尽管跨步跳和单腿跳的触地时间高于短跑触地时间，但是由于较高水平的力量输出和相似的腿部伸展模式，这些训练仍然可能产生正向的训练迁移效果。

表4.9中列出的适合所有短跑阶段的第2阶段练习是从第1阶段到更专项的第2阶段练习的过渡，是合理的训练进阶。在很大程度上，它们并非动态地对应于短跑的某个阶段，而是与短跑的两个阶段都有力学相似性，因此可以被归类为用于训练短跑表现的第2阶段练习。

推荐用于加速训练的第2阶段练习（表4.9）强调爆发向心力量的训练，这对此阶段来说很重要。在最大速度专项训练中，选择练习类型的主要考虑因素是随着短跑从早期加速向最大速度推进时明显增加的制动力。在加速期间，膝关节和踝关节的肌肉爆发力量输出（净向心力）让步于更大的离心力需求，随着速度的增加，这一需求变得越来越重要。这是运动员在接触地面时必须逆转的负垂直速度增加的缘故，从短跑推进中观察到的踝关节和膝关节力量消耗的增加（净离心作用）中可以明显看出。表4.9中推荐的最大速度专项训练通常以垂直力输出为特征，踝关节、膝关节和髋关节的位移较小，与加速专项训练相比，更强调力量消耗（离心）要求。

第3阶段练习

第3阶段的练习包含了短跑阶段的力学要素，从而与短跑的运动模式更加相似。虽然第3阶段可供选择的练习较少，但阻力短跑和各种增强式训练通常可用于提高该阶段的短跑表现（Costello，1985；Donati，1996；Faccioni，1993a；Faccioni，1993b；Young，1992）。

低负重的牵引雪橇跑可以用于提升第3阶段的加速能力。有研究发现，通过增加腿部伸肌负重可以募集更多数量的肌纤维，达到更高水平的适应性（Clark et al.，2010；Faccioni，1993a）。10%体重的负重被认为是牵引雪橇跑练习的最佳选择（Alcaraz et al.，2009；Maulder et al.，2008；Murray et al.，2005）。有研究认为，抗阻牵引跑负重不应使加速度下降超过10%（Jakalski，1998）。建议在进行个人训练课程设计时，不应禁止在训练期间使用较大负重，特别是在年度训练的早期阶段。斜坡冲刺跑（上坡跑）也被认为可以提高短跑的加速表现（Costello，1981；Dintiman，1964；Faccioni，1993a）。虽然关于最佳倾斜坡度的研究较少，但是建议第3阶段斜坡冲刺跑练习时的倾斜度不应超过3°（Dintiman，1964；Paradisis et al.，2001；Paradisis et al.，2006）。

建议在短跑期间使用负重背心作为提高最大速度的手段（Alcaraz et al.，2009；Clark et

al., 2010；Cronin et al., 2008; Sands, et al., 1996）。虽然该领域的研究有限，但应遵循上述牵引雪橇跑的最佳负重原则。现已证明，跨步跳能够训练出与最大速度短跑相似的力量−时间特征（Mero et al., 1994; Young, 1992），其以单侧周期运动的方式产生最大力量，与短跑过程中最大速度下的腾空时间相似。基于上述原因，跨步跳练习似乎在力学机制上表现出了短跑的最大速度特征，同时在负重原则方面保持优势。

躯干训练

定义和结构

对于短跑运动员来说，躯干是一个需要重点考虑的因素。在讨论躯干在短跑中的作用之前，需要了解其结构。广义上讲，躯干的肌肉系统由深层肌、中层肌和表层肌三层组成。

躯干深层肌由许多位置觉肌肉组成，这些肌肉从一段椎骨穿过另一段椎骨。它们负责辅助脊柱节段的运动（图4.1）。

例如，短跑期间髋关节有力地屈曲和伸展时，虽然脊柱从外部看起来可能固定在自己的位置，但是每个椎骨节段处都在发生微小的辅助运动。根据当前的运动，每个节段可能发生相互旋转、屈曲和滑动。位置觉肌肉在控制这些运动和防止过度移位方面起到了很重要的作用，因为过度位移可能导致受伤。

中层肌包括腹横肌、腹内斜肌、腰椎多裂肌、膈肌和盆底肌等（图4.2）。当这些肌肉收缩时，会形成一个不可压缩的圆柱体帮助稳定脊柱，并有助于双腿和双臂在短跑期间发挥最佳功能。

躯干表层肌包括腹直肌、腹外斜肌、竖脊肌、背阔肌、臀肌和内收肌（图4.2，图4.3）。这些肌肉有助于维持关节和肌肉之间的最佳功能关系，以在短跑时整合身体的各个部分。

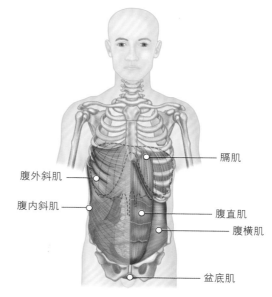

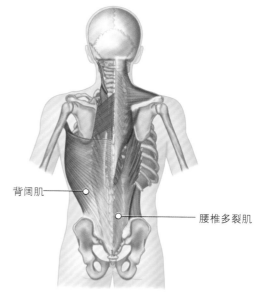

图4.2　躯干中/表层肌

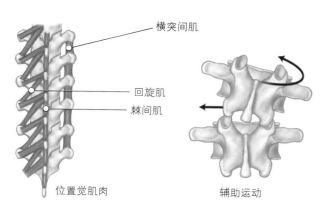

图4.1　躯干深层肌

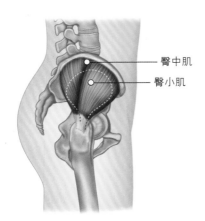
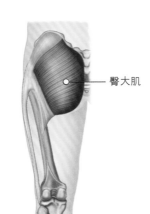
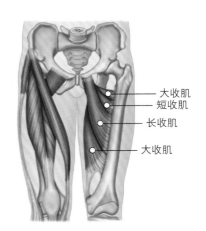

臀中肌
臀小肌
臀大肌
大收肌
短收肌
长收肌
大收肌

图4.3　髋部表层肌

躯干功能

在短跑期间，躯干的主要作用是在触地时将力从下肢传递到运动员的质心（质量中心）。因此，躯干作为整体提供了支点，肢体可以从该支点施力。在短跑期间，薄弱的躯干可能导致不佳的肢体力学，这反过来也会减少地面反作用力，从而导致代偿动作并造成能量消耗。

例如，一侧腿在触地后髋关节屈肌会在某一时点被激活以使髋部伸展减速，为该侧腿向前摆动至下一步做好准备。这种髋屈肌的激活会在腰椎和骨盆上产生拉力。如果躯干肌肉的力量不足以承受这种拉力，可能会导致骨盆过度前倾和腰椎曲度增加（图4.4）。这种情况下的过度运动可能使运动员的背部受伤，并使腿部准备好迈下一步时的效率降低。

躯干训练

根据上述讨论，躯干训练的目标应该是提高躯干肌肉传递力量和安全控制高水平力量的能力。在短跑时，躯干肌肉等长收缩，也就是躯干不会有大量动作。躯干保持"刚度"以提供稳定的基础，这样力就可以从下肢传递到运动员的质心。仅以躯干运动为主的训练并不少见，躯干训练（通常为2~4种）会放到力量训练课程的后

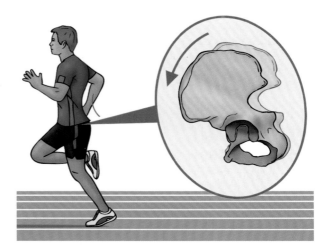

图4.4　触地时的腰椎和骨盆控制

期，作为循环练习的一部分。一些躯干运动也可以作为热身的一部分，在开始进入主要训练课程之前激活重要肌群。

表4.10~表4.14提供了一些适合不同难度的练习动作，并包含了合理的训练变量，以提高躯干力量、稳定性和刚度。这些练习大都可以在第六章"练习库"中检索到。

力竭训练

完全力竭可以被描述为由于疲劳或技术失控而无法完成动作的状态。虽然确保每组动作产生足够大的刺激以训练适应性很重要，但研究表明，在给定一组运动量的情况下，不必做尽可能多的重复推举（即力竭）以优化力量增

表4.10 发展躯干屈曲稳定性的课程计划

练习重点	难度	练习动作	重复次数	保持时长	组数	每组间歇
屈曲稳定性	简单	平板支撑	1次	90秒	2~4	30~60秒
		平板侧撑	每侧1次	90秒	2~4	30~60秒
		瑞士球平板支撑	1次	90秒	2~4	30~60秒
	适中	俯卧撑平板转体	每侧12次	—	2~4	30~60秒
		单腿平板支撑	每侧6次	每侧12秒	2~4	30~60秒
		单臂平板支撑	每侧6次	每侧12秒	2~4	30~60秒
		改良版俯卧侧平举	每侧12次	—	2~4	30~60秒
	困难	哑铃俯卧侧平举	每侧12次	—	2~4	30~60秒
		俯卧前进	每侧12次	—	2~4	30~60秒
		单臂单腿平板支撑	每侧6次	每侧12秒	2~4	30~60秒

表4.11 发展躯干屈曲力量和功率的课程计划

练习重点	难度	练习动作	重复次数	保持时长	组数	每组间歇
屈曲力量和功率	简单	仰卧抬腿1式	每侧12次	—	2~4	30~60秒
		仰卧抬腿2式	每侧12次	—	2~4	30~60秒
		瑞士球卷腹	20次	—	2~4	30~60秒
		瑞士球卷腹抛掷实心球	8次	—	2~5	60~120秒
		瑞士球滚腹	12次	—	2~4	30~60秒
	适中	仰卧抬腿3式	15次	—	2~4	30~60秒
		V字卷腹	10次	—	2~5	60~120秒
	困难	实心球V字卷腹	10次	—	2~5	60~120秒
		悬垂抬腿	12次	—	2~4	60~120秒
		仰卧抬腿4式	12次	—	2~4	60~120秒

表4.12 发展躯干转体力量和功率的课程计划

练习重点	难度	练习动作	重复次数	保持时长	组数	每组间歇
转体力量和功率	简单	瑞士球俄罗斯转体	每侧12次	—	2~4	30~60秒
		实心球下劈	每侧12次	—	2~4	30~60秒
		无轨迹绳索上拉	每侧12次	—	2~4	30~60秒
		无轨迹绳索下劈	每侧12次	—	2~4	30~60秒
		实心球坐姿转体	每侧12次	—	2~4	30~60秒
	适中	实心球瑞士球俄罗斯转体	每侧12次	—	2~4	30~60秒
		实心球爆发式下劈	每侧6次	—	3~5	120~180秒
		实心球爆发式上抛	每侧6次	—	3~5	120~180秒
	困难	杠铃俄罗斯转体	每侧6次	—	3~5	120~180秒
		实心球壁面回弹转体	每侧6次	—	3~5	120~180秒

表4.13   发展躯干伸展稳定性和力量的课程计划

练习重点	难度	练习动作	重复次数	保持时长	组数	每组间歇
伸展稳定性和力量	简单	俯卧平板	1次	90秒	2~4	60~90秒
		俯卧挺身	20次	—	2~4	30~60秒
	适中	瑞士球俯卧挺身	20次	—	2~4	30~60秒
		俯卧挺身抱实心球	—	90秒	2~4	60~90秒
	困难	罗马尼亚硬拉	—	90秒	2~4	60~90秒
		负重俯卧平板	—	90秒	2~4	60~90秒

表4.14   发展臀部激活和力量的课程计划

练习重点	难度	练习动作	重复次数	保持时长	组数	每组间歇
臀部激活和力量	简单	俯卧抬腿	20次	—	2~4	30~60秒
		自重单腿罗马尼亚硬拉	每侧12次	—	2~4	30~60秒
		单腿抬臀	每侧12次	—	2~4	30~60秒
	适中	实心球单腿罗马尼亚硬拉	每侧12次	—	2~4	30~60秒
		瑞士球俯卧抬腿	20次	—	2~4	30~60秒
	困难	瑞士球单腿抬臀	每侧12次	—	2~4	30~60秒
		实心球俯卧抬腿	15次	—	2~4	30~60秒

益（Peterson et al.，2005）。在最大力量训练期间，通常应该允许初学者在一组动作完全力竭之前预留两三次重复的缓冲空间。随着时间的推移，运动员获得更多经验和力量后，一两次重复的缓冲或完全力竭是合理的。

在速度力量训练期间，不建议完全力竭，因为可能会牺牲运动速度。在这种类型的训练中，通常需要少量的重复次数以保持较高的动作速度，这对于确保训练中实际使用的速度能够获得特定速度力量的适应性非常重要（Moss et al.，1997）。因此，如果在练习期间运动速度减慢，应停止该组练习。

热身

众所周知，应该在训练开始前进行热身。热身的主要目的是为随后的训练做好身心准备。有效的热身有许多生理上的好处，包括增加身体核心体温，这将增加血液供应并为组织和工作的肌肉提供更多的氧气。热身不应过于激烈，否则接下来训练时体能表现可能会受到影响。开始出汗通常表明热身活动开始生效。力量训练课之前的热身可以分三个阶段完成。

第1阶段
该阶段的主要目的是通过低强度运动提高体温、心率、呼吸率、血流量和关节内液体循环。有许多可以引发这些生理变化的运动（例如，慢跑、划船、骑自行车），重点是在5~8分内逐渐增加强度。

第2阶段
这个阶段的目的是激活关键肌群并活动主

要关节，练习的动作幅度与训练课程主要部分的运动相关。这一阶段包括通常用于帮助预防损伤的动作和一系列的动态拉伸动作，以提供力量训练所需的灵活性。以下为建议作为此阶段练习的一部分训练动作，可在第六章"练习库"中检索到。

- 交替屈膝俯卧撑（每侧×8）。
- 深蹲（×8）。
- 弓步走伸展腘绳肌（每侧×5）。
- 弓步走伸展背部（每侧×5）。
- 单腿臀桥（每侧×5）。
- 平板支撑直臂转体（每侧×5）。
- 十字转体（每侧×5）。
- 蝎子式转体（每侧×5）。
- 前后绕肩（×5）。

第3阶段

热身组要在每个专项练习的目标组之前进行，同时要确保热身练习不造成非必要的疲劳。对热身活动精确规定重复次数、组数和强度比较困难，因为这取决于推举的重量、动作，以及目标练习组的强度和重复次数。

作为指导原则，应在开始主要目标练习组之前进行以下热身。

当主要目标练习组的强度为12RM或更高时：

- 无须进行热身。

当主要目标练习组的强度为8~10RM时：

- 以约为主要目标练习组重量的75%进行6次重复。

当主要目标练习组的强度为5~7RM时：

- 以约为主要目标练习组重量的60%进行6次重复。
- 以约为主要目标练习组重量的70%进行5次重复。
- 以约为主要目标练习组重量的80%进行4次重复。

当主要目标练习组的强度为3~4RM时：

- 以约为主要目标练习组重量的50%进行6次重复。
- 以约为主要目标练习组重量的60%进行5次重复。
- 以约为主要目标练习组重量的70%进行3次重复。
- 以约为主要目标练习组重量的80%进行2次重复。

当主要目标练习组的强度为1~2RM时：

- 以约为主要目标练习组重量的50%进行6次重复。
- 以约为主要目标练习组重量的70%进行5次重复。
- 以约为主要目标练习组重量的80%进行3次重复。
- 以约为主要目标练习组重量的90%进行1次重复。

练习次序

在设计个人训练课程时，练习次序是需要重点考虑的因素。虽然大多数训练课程都具有主要侧重点，但可能会侧重不止一种力量素质。例如，即使一节训练课程的主要目标是训练下肢爆发力，仍然可以进行一些最大力量和躯干练习。这种方法有助于在长期训练计划中保持一定的身体素质。在进行包含不同训练方法的课程时，重要的是要考虑每个活动的先后顺序，以便实现训练课程的效率最大化。

课程框架

表4.15列出了训练课程框架和次序，包含了一节训练课程中的各种练习。值得注意的是，在同一节训练课程中进行表4.15中列出的所有类型的练习是没有效率的，训练效果很可能会在所有这些力量素质中被冲淡，因此这些身体属性不可能有显著提升。目标力量素质取决于运动员在

表4.15   训练课程框架

活动次序	活动类型
1	热身
2	反应力练习（如跨步跳）
3	爆发力练习（如抓举）
4	下肢双侧最大力量练习（如背蹲）
5	下肢单侧最大力量练习（如上台阶）
6	上肢双侧最大力量练习（如平板卧推）
7	上肢单侧最大力量练习（如单臂肩上推举）
8	躯干训练练习（如V字转体）

整体训练计划和年度周期中所处的阶段（参见第五章"周期"）。

传统而言，有两种主要的课程结构：一种是全身训练课程，它强调所有主要肌群的练习刺激；另一种是下/上半身分段训练课程，指在进行一组下半身练习之后，再完成一组上半身练习。这两类训练课程结构的区别是训练肌群的集中发展程度不同。例如，在下/上半身分段训练课程中可以进行针对特定肌群的3~4种练习，而全身课程中的特定肌群练习包括1~2种。较高的特定肌群集中发展程度对运动员的要求通常较高，因此下/上半身分段训练课程通常更适合中级至高级运动员，而全身训练课程更适合初级运动员。

一般原则

在构建力量训练课程时，应遵循一些通用原则。

只发展最大力量的训练课程：

· 应在小肌群单关节练习前进行大肌群多关节练习。

· 在进行低强度练习之前先进行较高强度的练习（即比1RM更高的百分比）。

只发展速度力量的训练课程：

· 应在进行低速练习前先进行高速练习。

· 如果运动速度相似，则应首先进行最大负重练习。

多种力量素质训练课程：

· 练习应顺着力量–速度曲线从右到左即从最高到最低的运动速度进行。但是，经验丰富的运动员从力量–速度曲线的左侧开始练习可以提升后面更高速的练习表现。

计划示例

计划模板

以下计划模板可用于规划个人力量训练课程，并在本书之后半部分作为力量训练课程的示例（表4.16）。

速度列：代表每次练习重复的动作速度。第1个数字代表练习动作的离心阶段（负重的下降）；第2个数字代表离心阶段结束时，应保持姿势的时长（等长收缩）；第3个数字代表练习动作的向心阶段（即负重的推起）。在表4.16给出的示例中，运动员应该大约用2秒的时间下降至深蹲位置（第1个数字）。到达深蹲位置后运动员应立即将负重推起，即在深蹲位不要停留（第2个数字）。最后在1秒左右的时间内完成整个负重的推起动作（第3个数字）。

休息列：该列表示的是每项练习的组间休息时长。

强度列：每项练习动作的强度记录为重复最大次数（RM）。在表4.16中给出的示例中，即要

表4.16　计划模板

练习动作	速度	休息	强度	目标									
				次数	负重	次数	负重	次数	负重	次数	负重	次数	负重
背蹲	2，0，1	2.5分	6RM	5		5		5		5			

求运动员选择一个能在背蹲练习中可以进行最多6次重复的负重。

次数列和负重列：每组的重复次数列在次数列下。在表4.16给出的示例中，运动员需要进行4组5次重复。运动员可以选择负重重量，填写在挨着次数栏的负重栏内。

最大力量

以下计划适用于在次最大负重（增肌/基础力量）下的最大力量发展（表4.17~表4.19）。

表4.17　处于初级训练年龄（训练几个月）的运动员的最大力量训练计划（次最大负重）

练习动作	速度	休息	强度	目标									
				次数	负重	次数	负重	次数	负重	次数	负重	次数	负重
前蹲	2，0，1	1.5分	10RM	8		8		8					
罗马尼亚硬拉	2，0，1	1.5分	10RM	8		8		8					
单腿深蹲	2，0，1	1.5分	10RM	8		8							
平板卧推	2，0，1	1.5分	10RM	8		8		8					
单臂俯身划船	2，0，1	1分	10RM	8		8		8					
平板支撑	60秒	45秒	BW	1		1		1					
俯卧平板	60秒	45秒	BW	1		1		1					

BW：自重。

表4.18　处于中级训练年龄的运动员的最大力量训练计划（次最大负重）

练习动作	速度	休息	强度	目标									
				次数	负重	次数	负重	次数	负重	次数	负重	次数	负重
前蹲	2，0，X	2.5分	7RM	6		6		6		6			
罗马尼亚硬拉	2，0，X	2分	8RM	6		6		6					
单腿深蹲	2，0，1	2分	8RM	6		6		6					
瑞士球腿部蜷曲	2，0，X	2分	7RM	6		6		6		6			
单腿提踵	5，0，1	1.5分	10RM	6		6		6					

X：尽可能大的动作速度。

表4.19　处于高级训练年龄的运动员的最大力量训练计划（次最大负重）

练习动作	速度	休息	强度	目标									
				次数	负重	次数	负重	次数	负重	次数	负重	次数	负重
前蹲	2，0，X	2.5分	6RM	5		5		5		5		5	
罗马尼亚硬拉	2，0，X	1.5分	8RM	7		7		7		7			
单腿深蹲	2，0，1	2.5分	6RM	5		5		5		5			
瑞士球腿部蜷曲	2，0，X	2分	8RM	8		8		8					
单腿提踵	5，0，1	2分	6RM	5		5		5		5			

以下计划适用于在最大负重（最大力量）下的最大力量发展（表4.20~表4.22）。

表4.20　处于初级训练年龄（训练几个月）的运动员的最大力量训练计划（最大负重）

练习动作	速度	休息	强度	目标									
				次数	负重	次数	负重	次数	负重	次数	负重	次数	负重
背蹲	2，0，1	2分	6RM	5		5		5					
硬拉	2，0，1	2分	6RM	4		4		4					
斜板卧推	2，0，1	2分	6RM	5		5		5					
俯身杠铃划船	2，0，1	2分	6RM	4		4		4					
改良版俯卧侧平举	2，0，2	45秒	BW	5		5		5					
俯卧挺身	2，0，1，3	45秒	BW	8		8		8					

表4.21 处于中级训练年龄的运动员的最大力量训练计划（最大负重）

练习动作	速度	休息	强度	目标									
				次数	负重	次数	负重	次数	负重	次数	负重	次数	负重
背蹲	2，0，X	2.5分	5RM	4		4		4		4			
硬拉	2，0，X	2.5分	5RM	4		4		4					
斜板卧推	2，0，X	2.5分	5RM	4		4		4		4			
坐姿划船	2，0，X	2.5分	5RM	5		5		5					
V字卷腹	3，0，X	2.5分	BW	6		6		6					
实心球俯卧挺身	90秒	1分	—	1		1		1					

表4.22 处于高级训练年龄的运动员的最大力量训练计划（最大负重）

练习动作	速度	休息	强度	目标									
				次数	负重	次数	负重	次数	负重	次数	负重	次数	负重
背蹲	2，0，X	3.5分	4RM	3		3		3		3			
上台阶	1，0，X	3分	5RM	4		4		4		4			
臀腿抬高	3，0，X	3分	5RM	5		5		5		5			
单腿深蹲	2，0，X	2分	BW	TF		TF		TF					
实心球V字卷腹	3，0，X	2.5分	实心球	5		5		5		5			
负重俯卧平板	90秒	90秒	实心球	1		1		1					

TF：练习至力竭。

爆发力

以下计划适用于在大负重下的爆发力发展（表4.23~表4.25）。

表4.23 处于初级训练年龄的运动员经过几个月的最大力量训练和举重练习技术训练后的爆发力（大负重）训练计划

练习动作	速度	休息	强度	目标									
				次数	负重	次数	负重	次数	负重	次数	负重	次数	负重
悬垂下蹲翻	X，X，X	2.5分	7RM	4		4		4					
挺举	X，X，X	2分	8RM	5		5		5					
轮胎翻转	X，X，X	2分	8RM	5		5		5					
平板支撑	60秒	45秒	BW	1		1		1					
俯卧平板	60秒	45秒	BW	1		1		1					

表4.24　处于中级训练年龄的运动员的爆发力（大负重）训练计划

练习动作	速度	休息	强度	目标									
				次数	负重	次数	负重	次数	负重	次数	负重	次数	负重
下蹲翻	X，X，X	3分	6RM	3		3		3		3			
悬垂下蹲抓	X，X，X	3分	7RM	4		4		4		4			
轮胎翻转	X，X，X	2.5分	8RM	5		5		5					
V字卷腹	3，0，X	2分	BW	6		6		6					
俯卧挺身抱实心球	90秒	1分	–	1		1		1					

表4.25　处于高级训练年龄的运动员的爆发力（大负重）训练计划

练习动作	速度	休息	强度	目标									
				次数	负重	次数	负重	次数	负重	次数	负重	次数	负重
下蹲翻	X，X，X	4分	2RM	1		1		1		1		1	
挺举	X，X，X	3.5分	4RM	3		3		3		3			
轮胎翻转	X，X，X	3分	6RM	5		5		5					
实心球V字卷腹	3，0，X	2.5分	实心球	5		5		5		5			
负重俯卧平板	90秒	90秒	杠铃	1		1		1		1			

以下计划适用于在中等负重下的爆发力发展（表4.26~表4.28）。

表4.26　处于初级训练年龄的运动员的爆发力（中等负重）训练计划

练习动作	速度	休息	强度	目标									
				次数	负重	次数	负重	次数	负重	次数	负重	次数	负重
蹲跳	X，X，X	2.5分	60%1RM	4		4		4					
爆发式上台阶	X，X，X	2分	45%1RM	4		4		4					
实心球后抛	X，X，X	2分	45%1RM	4		4		4		4			
平板支撑	60秒	45秒	BW	1		1		1					
俯卧平板		45秒	BW	1		1		1					

表4.27　处于中级训练年龄的运动员的爆发力（中等负重）训练计划

练习动作	速度	休息	强度	目标									
				次数	负重	次数	负重	次数	负重	次数	负重	次数	负重
蹲跳	X，X，X	3.5分	75%1RM	4		4		4		4			
爆发式上台阶	X，X，X	3分	60%1RM	4		4		4		4			
实心球后抛	X，X，X	2.5分	45%1RM	4		4		4		4			
V字卷腹	3，0，X	2分	BW	6		6		6					
俯卧挺身抱实心球	90秒	1分	实心球	1		1		1					

表4.28　处于高级训练年龄的运动员的爆发力（中等负重）训练计划

练习动作	速度	休息	强度	目标									
				次数	负重	次数	负重	次数	负重	次数	负重	次数	负重
蹲跳	X，X，X	3.5分	75%1RM	5		5		5		5			
爆发式上台阶	X，X，X	3分	75%1RM	4		4		4		4			
实心球后抛	X，X，X	3分	60%1RM	4		4		4		4			
实心球V字卷腹	3，0，X	2.5分	实心球	5		5		5		5			
负重俯卧平板	90秒	90秒	杠铃	1		1		1		1			

以下计划适用于在低负重下的爆发力发展（表4.29，表4.30）。

表4.29　处于中级训练年龄的运动员的爆发力（低负重）训练计划

练习动作	速度	休息	强度	目标									
				次数	负重	次数	负重	次数	负重	次数	负重	次数	负重
实心球俯冲投掷	X，X，X	2.5分	实心球	4		4		4					
跳箱	X，X，X	2.5分	BW	4		4		4					
蹲跳	1，3，X	2.5分	BW	4		4		4					

表4.30   处于高级训练年龄的运动员的爆发力（低负重）训练计划

练习动作	速度	休息	强度	目标									
				次数	负重	次数	负重	次数	负重	次数	负重	次数	负重
爆发式上台阶	X，X，X	3.5分	30%1RM	5		5		5		5			
蹲跳	1，3，X	3.5分	30%1RM	4		4		4		4			
立定跳远（单侧）	X，X，X	3分	BW	4		4		4		4			
立定跳远	X，X，X	3分	BW	5		5		5					

以下计划适用于反应力量发展（表4.31~表4.33）。

表4.31   适用于初级训练年龄的运动员的反应力量训练计划

练习动作	速度	休息	强度	目标									
				次数	负重	次数	负重	次数	负重	次数	负重	次数	负重
下落跳上跳箱*	X，X，X	2分	BW	4		4		4					
障碍弹跳**	X，X，X	1.5分	BW	6		6		6					
蹬踏动作（超过10米）	X，X，X	1分	BW	1		1		1					

*：跳箱高度为20厘米；**：障碍高度低，大约30厘米。

表4.32   适用于中级训练年龄的运动员的反应力量训练计划

练习动作	速度	休息	强度	目标									
				次数	负重	次数	负重	次数	负重	次数	负重	次数	负重
连续跳远	X，X，X	2.5分	BW	5		5		5					
下落跳上跳箱*	X，X，X	2.5分	BW	5		5		5					
冲刺跨步跳（超过30米）	X，X，X	2.5分	BW	1		1							

*：跳箱高度从低（20厘米）到高（60厘米）。

表4.33　适用于高级训练年龄的运动员的反应力量训练计划

练习动作	速度	休息	强度	目标									
				次数	负重	次数	负重	次数	负重	次数	负重	次数	负重
高级障碍反弹跳*	X，X，X	3.5分	BW	2		2		2		2			
单腿跳（最高高度及最远距离）	X，X，X	3.5分	BW	6		6		6		6			
连续跳远	X，X，X	3分	BW	5		5		5					
蹬踏动作（超过20米）	X，X，X	1.5分	BW	1		1		1		1			

*：5次跳跃等于1次重复。

小结

在设计个人力量计划时需要考虑许多因素。首先，运动员的训练年龄影响个人训练课程中的练习类型和训练变量。从安全角度来看这很重要，可确保为个人训练提供正确的剂量效应。逐渐加大负重对于避免力量增益的停滞非常重要。

通过复合练习动作（例如，深蹲）提升最大力量的训练课对于实现生理适应性非常重要，它能够为力量输出和功率能力的提升奠定基础。对于大多数初级运动员而言，无论每年在赛季中处于什么阶段，都推荐使用次最大负重的最大力量训练。对于中级和高级运动员来说，经过前一个赛季结束后的积极休息，可以将这种类型的训练安排在赛季开始前的早期阶段进行。最佳力量训练量应根据运动员的训练年龄而改变。因此，存在剂量反应连续体，伴随着训练年龄的增加，力量剂量增加。通常，更有经验的运动员进行最大负重的最大力量训练能更有效地实现力量增益。

高水平的最大力量虽然对于短跑表现很重要，但只有在短跑能够快速表现出来时才会有效。因此，速度力量（包括爆发力和反应力量）可能更加重要。爆发力主要通过使用诸如挺举之类的练习进行训练。在爆发力训练期间实现的适应性类型受负重大小的影响。例如，与低负重相比，较大负重更有可能与最大力量训练效果相同，募集到更多的高阈值运动单位，并且提升力量–速度曲线"力量"端的发力率。在较低负重下，爆发力训练更有可能减少拮抗肌的共收缩，有利于力量–速度曲线"速度"端的发力率。反应力主要通过使用诸如跳箱的增强式训练来实现。这种类型的训练利用伸长–缩短循环来增强神经和肌腱系统的能力，以在最短的时间内输出最大的力。

无论何种力量类型，最重要的是根据运动员的训练年龄、优势、劣势及运动员所处的赛季阶段选择正确的训练量、训练强度和练习。遵循本章所概述的指导方针有助于确保训练课程适合个人，并确保可以长期推进，同时确保完成针对训练目标所需的适应性。

为提高短跑能力而构建力量训练计划的另一个考虑因素是力学专项性。虽然一般力量练习可能为运动员力量训练计划打下基础，但选择与短跑有更大动态对应关系的练习更加重要。本章中的第1阶段练习旨在提升触地力量，通常用于发展神经肌肉适应性，如增加运动单位募集数量和放电频率；神经适应性使运动员能够更有效地募集更大的运动单位（快肌纤维），以适应在短跑中观察到的类似运动模式。然而，表面上来看，这些练习在力学上与短跑动作并不相似。第2阶段练习本质上更具爆发性，或者比第1阶段的练习更大程度地利用了伸长-缩短循环。这些练习通常更具体地针对跑步动作（尽管在很大程度上仍然是一般性的），因此更有可能将训练效果迁移到短跑表现中。第3阶段练习包含了短跑阶段的力学元素，因此与短跑的运动模式更加类似。第2阶段可供选择的练习较少，通常采用抗阻短跑练习和各种增强式练习提高该阶段的短跑表现。所有训练阶段都应考虑运动力学的专项性。本章概述的不同阶段的练习提供了一般-专项连续体，运动员或教练员可以选择这些练习来优化个人训练期间所需实现的适应性。

除了采用专项练习阶段详细介绍的方法来提升肢体力量及短跑表现外，运动员还需要强大的躯干将力量从下肢传递到质心。整体躯干为运动提供了一个支点，四肢在此支点上完成施力。在短跑期间，薄弱的躯干可能导致不佳的肢体力学，这反过来也会减少地面反作用力，并产生代偿动作而造成能量消耗。因此，训练应侧重建立强壮且具有"刚度"的躯干，并同时发展下肢的一般力量。

无论采用何种类型的力量训练方法，都应在每次训练前进行热身。有效的热身具有很多生理上的好处，包括增加身体核心体温，这将增加血液供应并为组织和工作的肌肉提供更多的氧气。本章提出了热身活动的组织框架，进一步提升了训练课程的质量。

最后，应仔细考虑在一次训练课程中练习动作的次序。作为通用的经验法则，大肌群、多关节练习和高速练习应该在低速练习和单关节练习之前进行。在单次训练课程中发展多种力量素质时，应遵循力量-速度曲线从右到左进行练习（即从最高到最低的运动速度）。

正确设计个人训练课程对于确保训练时间有效性的最大化非常重要。然而，如何计划更长期的训练课程（即一周、一个月、一年或更长时间）以及如何结合非力量训练课程（即运动员参加的运动项目）可能更重要。没有长期有效的训练计划规划可能导致训练过度、疲劳、积极性下降及训练反应不佳。年度训练计划的制订请参考本书第六章。

参考文献

Alcaraz, P., Palao, J. & Elvira, J. (2009). Detrmining the optimal load for resisted sprint training with sled towing. *Journal of Strength and Conditioning Research, 23*, 480–485.

Behm, D. & Sale, D. (1993). Intended rather than actual movement velocity determines velocity-specific training response. *Journal of Applied Physiology, 74*, 359–368.

Bobbert, M., Huijing, P. & van Ingen Schenau, G. (1987). Drop jumping. The influence of jumping technique on the biomechanics of jumping. *Medicine and Science in Sports and Exercise , 19*, 332–338.

Carroll, T. (2001). Neural adaptations to resistance training: Implications for movement control. *Sports Medicine, 31*, 829–840.

Cavagna, G., Dusman, B. & Margaria, R. (1968). Positive work done by a previously stretched muscle. *Journal of Applied Physiology, 24*, 21–32.

Chmielewski, T., Myer, G., Kauffman, D. & Tillman, S. (2006). Plyometric exercise in the rehabilitation of athletes: physiological responses and clinical application. *The Journal of Orthopadic Sports Physical Therapy, 36*, 308–319.

Clark, K., Stearne, D., Walts, C. & Miller, A. (2010). The longitudinal effects of resisted sprint training using weigted sleds vs. weighted vests. *Journal of Strength and Conditioning Research, 24*, 3287–3295.

Cormie, P., McCaulley, G., Triplett, N. & Mcbride, J. (2007).

Optimal loading for maximal power output during lower-body resistance exercises. *Medicine and Science in Sports and Exercise , 39*, 340–349.

Costello, F. (1981). Resisted and assisted training to improve speed. *Track and Field, 81*, 27.

Costello, F. (1985). Training for speed using resisted and assisted methods. *National Strength and Conditioning Association Journal, 7*, 74–75.

Cronin, J., Hansen, K., Kawamori, N. & McNair, P. (2008). Effects of weighted vests and sled towing on sprint kinematics. *Sports Biomechanics, 7*, 160–172.

Delecluse, C., van Coppenolle, H., Williems, E., Van Leemputte, M., Diels, R. & Goris, M. (1995). Influence of high-resistance and high-velocity training on sprint performance. *Medicine and Science in Sports and Exercise , 27*, 1203–1209.

Dintiman, G. (1964). Effects of various training programs on running speed. *Research Quarterly for Exercise and Sport, 35*, 456–463.

Donati, A. (1996). The association between the development of strength and speed. *New Studies in Athletics, 11*, 51–58.

Faccioni, A. (1993a). Resisted and assisted methods for speed development. *Strength and Conditioning Coach, 1*, 7–10.

Faccioni, A. (1993b). Resisted and assisted methods for speed development. Part 2. *Strength and Conditioning Coach, 1*, 10–11.

Haff, G., Whitley, A. & Potteiger, J. (2001). A brief review: explosive exercises and sports performance. *Strength and Conditioning Journal, 23*, 13–20.

Hakkinen, K., Alen, M., Kraemer, W., Gorostiaga, E., Izquierdo, M., Rusko, H., Paavolainen, L. (2003). Neuromusucular adaptations during concurrent strength and endurance training versus strength training. *European Journal of Applied Physiology, 89*, 42–52.

Harridge, S., Bottinelli, R., Canepari, M., Pellegrino, M., Reggiani, C., Esbjornsson, M. & Saltin, B. (1996). Whole-muscle and single-fibre contractile properties and myosin heavy chain isoforms in humans. *European Journal of Physiology, 432*, 913–920.

Harris, N., Cronin, J., Hopkins, W., & Hansen, K. (2008). Relationship between sprint times and the strength/power outputs of a machine squat jump. *Journal of Strength and Conditioning Research, 22*, 691–698.

Jakalski, K. (1998). The pros and cons of using resisted and assisted training methods with high school sprinters: parachutes, tubing and towing. *Track Coach, 144*, 4585–4589.

Maulder, P., Bradshaw, E. & Keogh, J. (2008). Kinematic alterations due to different loading schemes in early acceleration sprint performance from starting blocks. *Journal of Strength and Conditioning Research, 22*, 1992–2002.

McBride, J., Triplett-McBride, T., Davie, A. & Newton, R. (2002). The effect of heavy- vs. light-load jump squats on the development of strength, power and speed. *Journal of Strength and Conditioning Research, 16*, 75–82.

Mero, A. & Komi, P. (1994). EMG, force, and power analysis of sprint-specific strength exercises. *Journal of Applied Biomechanics, 10*, 1–13.

Moritani, T. & DeVries, H. (1979). Neural factors versus hypertrophy in the same course of muscle strength gain. *American Journal of Physical Medicine, 58*, 115–130.

Moss, B., Refsnes, P., Abildgaard, A., Nicolaysen, K. & Jensen, J. (1997). Effects of maximal effort strength training with different loads on dynamic strength, cross-sectional area, load-power and load-velocity relationships. *European Journal of Applied Physiology and Occupational Physiology, 75*, 193–199.

Murray, A., Aitchison, T., Ross, G., Sutherland, K., Watt, I., McLean, D. & Grant, S. (2005). The effect of towing a range of relative resistances on sprint performance. *Journal of Sports Sciences, 23*, 927–935.

Narici, M., Roi, G., Landoni, L., Minetti, A. & Cerretelli, P. (1989). Changes in force, cross-sectional area and neural activiation during strength training and detraining of the human quadriceps. *European Journal of Applied Physiology and Occupational Physiology, 59*, 310–319.

Newton, R., Kraemer, W., Hakkinen, K., Humphries, B. & Murphy, A. (1996). Kinematics, kinetics, and muscle activation during explosive upper body movements. *Journal of Applied Biomechanics, 12*, 31–43.

Paradisis, G. & Cooke, C. (2001). Kinematic and postural characteristics of sprint running on sloping surfaces. *Journal of Sports Sciences, 19*, 149–159.

Paradisis, G. & Cooke, C. (2006). The effects of sprint running training on sloping surfaces. *Journal of Strength and Conditioning Research, 20*, 767–777.

Peterson, M., Rhea, M. & Alvar, B. (2005).

Applications of the dose-response for muscular   strength development: a review of meta-analytic efficacy and reliability for designing training prescription. *Journal of Strength and Conditioning Research, 19*, 950–958.

Sands, W., Poole, C., Ford, H., Cervantez, R., Irwin, R. & Major, J. (1996). Hypergravity training: Women's track and field. *Journal of Strength and Conditioning Research, 10*, 30–34.

Schmidtbleicher, D. (1992). Training for power events. In P. Komi, *The encyclopedia of sports medicine: Strength and power in sport* (pp. 169–179). Oxford: Blackwell.

Turner, A. & Jeffreys, I. (2010). The stretch shortening cycle: mechanisms and proposed enhancement. *Strength and Conitioning Journal, 10*, 87–99.

Young, W. (1992). Sprint bounding and the sprint bound index. *National Strength & Conditioning Association Journal, 14*, 18–21.

第五章

周期

　　"周期"一词被广泛运用于在既定时间内分板块或分阶段进行训练、休息、恢复和比赛的规划和组织。这些训练板块在特定时间内的位置和内容取决于赛季（通常是休赛期、季前期和赛季期）的安排及竞赛结构。若缺少长期计划，个人训练课程预期的生理适应便可能无法产生。例如，在整个赛季里每周都进行同样高强度和大运动量训练而没有任何变化的运动员，想要对比赛保持新鲜感是绝对不可能的。训练应激和疲劳感是发展适应能力所必需的条件；此外，训练中的变化、休息和恢复都是保持健康从而提升表现的基本要素。本章对前面章节的内容进行了整合，可为不同年龄和状态的读者提供行之有效的周期训练结构。

周期术语

以下列出的一些术语经常会在讨论周期训练的时候出现。

大周期

大周期指一整年或者更长的比赛和训练期。奥运会选手的大周期一般为4年。大周期的终点通常会在运动员正在备战的主要比赛中达到高潮，而起点则选择在开始为重大赛事备战训练之时。

赛季结构

赛季结构指围绕竞赛日程制订的项目活动组织和安排。赛季结构在集体类项目（例如，橄榄球联赛）中通常包括多个阶段（图5.1）。

·过渡期：该阶段的重点是从上一个赛季中获得恢复，采用一般活动和交叉训练的形式进行低强度练习（即参加与运动员从事项目无关的非专项性活动）。

·休赛期：该阶段侧重于通过一般训练（例如，通过最大肌力训练来发展最大肌力及肌肉肥大，此阶段优先考虑最大和次最大负荷）为之后新赛季进行更具专项的训练奠定体能基础。

·季前期：尽管身体训练仍是季前期的重点，但此阶段更加侧重于运动项目的训练。该阶段在新赛季首场比赛的开始日结束。

·赛季期：该阶段从赛季的首场比赛开始，直至赛季的最后一场比赛结束。此阶段的身体训练通常会降到最低，以避免因不必要的疲劳感而影响运动表现。力量训练的重点通常是保持之前几个阶段的体能收益。

在诸如田径这样的个人项目中，从一般训练向专项训练所采用的逐渐进阶方式具有相似性。用来描述赛季结构的术语通常习惯性地分为"休赛期"和"赛季期"，不同的训练阶段内具有各自特定的目标（图5.2）。

·一般准备期（GPP）：该阶段旨在发展一般身体素质、做功能力，以及提升技术和基本战术技能。

·专项准备期（SPP）：该阶段从一般训练形式过渡到力学机制，更加贴近专项的训练模式。

·竞赛期（CP）：该阶段将所有训练因素进行统一强化，旨在让运动员在重要比赛（或系列赛）中获得成功。

·过渡期（TP）：该阶段的重点与前文提到的集体类项目的典型赛季结构中所确定的过渡

	5月	6月	7月	8月	9月	10月	11月	12月	1月	2月	3月	4月
赛季结构	过渡期	季前期										
	休赛期				赛季期							

图5.1　橄榄球联赛典型的赛季结构

	10月	11月	12月	1月	2月	3月	4月	5月	6月	7月	8月	9月
赛季结构	休赛期				赛季期（冬季室内）		休赛期		赛季期（夏季室外）			休赛期
阶段	GPP 1		SPP 1		CP 1		GPP 2	SPP 2	CP 2			TP

图5.2　短跑运动员在多个冬季和夏季比赛中的赛季结构

期内容相同。

中周期

中周期通常会细分为一系列阶段或时期。这些训练板块的长度为3~8周，并包含若干具体的训练目标。中周期最常被称为训练板块或阶段。

小周期

小周期通常为一周，但有些时候也会或多或少地延长或缩短。

减量训练

减量训练指总体训练负荷在接近比赛日的过程中逐渐降低，以和之前的一个（多个）板块或训练诱导适应，确保运动员具有旺盛的竞争力。本质上，该过程可以有计划地利用力量（及所有体能素质）的累积收益。

竞技状态高峰

竞技状态高峰与减量训练联系紧密，通常指在中周期内心理、体能及竞技表现在某个特定时刻达到最佳状态。结构合理的周期训练计划、特定时期内合理循环的训练刺激及减量训练的完成可使运动员达到体能和心理上的竞技状态高峰。

训练阶段的结构化

通过力量训练来实现速度发展最大化的有效方法不胜枚举。本章基于实证研究、经验和轶事型证据，概述了一种以周期化方式设计速度发展的力量训练计划。

训练年龄对一般和专项准备训练阶段划分的影响

普遍认为，一般准备中最大力量的发展（最大或次最大负重）比爆发力或反应力量耗时更长。因此，第1阶段练习主要运用于赛季的此阶段中。随着赛季进入比赛期，第2阶段和第3阶段的练习会显著多于第1阶段，由此产生的速度力

量生理适应性很可能对短跑表现产生积极影响。除了赛季结构及运动员可能表现的力量素质赤字之外，一般或专项准备期所耗时间也会因训练年龄的差异而有所不同。

总体而言，与较弱且较短训练年龄的运动员相比，那些具有较长训练年龄和较大最大力量水平的选手，更有可能拥有出色的功率生成能力（Baker et al., 2006; Cormie et al., 2010）。运动员当前最大力量水平决定了他们功率生成潜力的上限，因为当最大力量水平较低时，无法有效提升快速生成力量的能力。研究表明，中等训练水平的运动员进行较大负重的最大力量训练可以提高功率输出和最大力量（Cormie et al., 2010; Kaneko, 2004）。由于上述原因，最大力量训练似乎应该作为运动员综合力量计划的重要组成部分，因为它显然是影响最大功率的要素。

然而，当运动员的最大力量已经达到较高水平时，这种影响就可能在一定程度上被削弱（Kraemer et al., 2000）。最大力量的提升会导致最大力量适应性的降低，也会降低最大力量进一步发展的适应性。因此，随着最大力量的增加，最大功率输出也相应增加的关联程度在较为强壮的运动员群体中并不十分明显，这种变化主要会影响力量-速度关系中的高水平"力量"端（图2.6; Newton et al., 1994）。可见，一般准备期的训练在初期改善快速表达力量的能力方面具有重要作用，一旦力量达到了合理水平就应作出相应调整。鉴于上述原因，可以采取诸如图5.3给出的建议，合理分配大周期中的一般和专项准备期的时间比例，更好地迎接比赛。

构建一般准备期

如上文所言，一般准备期的目的在于夯实基础，提升最大力量水平。因此，力量训练的平均强度应当在一般准备期内的每个中周期逐级增加。如图5.4所示，持续12周的一般准备期可分为若干为期4周的板块。这些中周期的平均推举

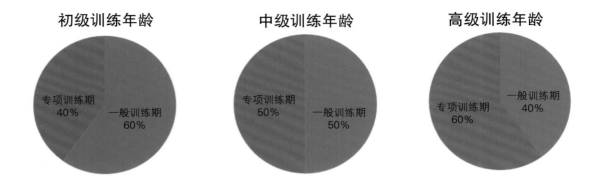

图5.3   在一个中周期内，一般和专项准备训练阶段在不同训练年龄和力量水平下的训练建议

		10月				11月				12月			
小周期		1	2	3	4	5	6	7	8	9	10	11	12
赛季结构		休赛期											
阶段		GPP 1											
中周期		1				2				3			
平均推举强度（%1RM）	运动员A	70%				75%				80%			
	运动员B	77%				80%				85%			
	运动员C	83%				87%				90%			

图5.4   一般准备期中，系列中周期的平均推举强度。运动员A为初级训练年龄，运动员B为中级训练年龄，运动员C为高级训练年龄

强度进阶应当根据运动员的训练年龄而调整。

虽然在一般准备期内强度会普遍增加，但是中级或高级训练年龄的运动员每周推举的平均强度还是会有区别，因此，身体获得的刺激可通过强度高低变化的周训练加以调节。这样的安排有助于防止表现停滞和疲劳。对于初级训练年龄的运动员来说，并非要一定如此，由于他们的身体尚不能承受较大刺激，因此最初推举的负重低于那些训练年龄更高的运动员。当然，对于初学者而言，强度缺少变化也会让他们拥有充分的时间发展更好的技术，并可以逐步增加训练次数或随着训练阶段的推进逐渐增加负重（对于给定1RM百分比的推举负重，可能会相对较快地增长）。图5.5展示了在一般准备期示例的时间跨度内，推举强度的中周期变化。

虽然每个中周期内推举强度的变化相对微小，但一般准备期内的整体强度提升较为显著。由于疲劳是在一系列训练课程和数周内累积起来的，因此改变训练量就变得非常重要，每周总训练负荷的周期安排，让生理进阶成为可能。力量训练量负荷和训练课程负荷通常可以通过训练课程中每次推举起的负重乘以所有组完成的总推举次数得出。然而，在确定训练阶段时，并不能总是可以预测出推举的实际负重。将每节训练中计划的1RM百分比乘以完成的总推举次数，就提供了一种合理确定负荷的方法。例如，在完成4组3次重复，负重相当于85%的1RM的训练时，负荷值为1020（任意单位），计算等式为（4×3）×85 = 1020。图5.6显示了不同训练年龄的运动员在一般准备期内的训练负荷分布情况。

对于有着初级或中级训练年龄的运动员来说，建议的训练负荷模式是前3周不断增加负荷

小周期		10月				11月				12月			
		1	2	3	4	5	6	7	8	9	10	11	12
赛季结构		休赛期											
阶段		GPP1											
中周期		1				2				3			
中周期平均推举强度（%1RM）	运动员A	70%				75%				80%			
	运动员B	77%				80%				83%			
	运动员C	83%				87%				90%			
周平均推举强度（%1RM）	95%~100%1RM												
	90%~95%1RM												
	85%~90%1RM												
	80%~85%1RM												
	75%~80%1RM												
	70%~75%1RM												
	65%~70%1RM												

图5.5 一般准备期中，系列中周期的平均推举强度变化。运动员A（实线）为初级训练年龄，运动员B（点线）为中级训练年龄，运动员C（虚线）为高级训练年龄

小周期		10月				11月				4月			
		1	2	3	4	5	6	7	8	9	10	11	12
赛季结构		休赛期											
阶段		GPP1											
中周期		1				2				3			
中周期平均推举强度（%1RM）	运动员A	70%				75%				80%			
	运动员B	77%				80%				83%			
	运动员C	83%				87%				90%			
周平均推举强度（%1RM）	95%~100%1RM												
	90%~95%1RM												
	85%~90%1RM												
	80%~85%1RM												
	75%~80%1RM												
	70%~75%1RM												
	65%~70%1RM												
周负荷量	极高												
	高												
	中高												
	中												
	中低												
	低												

图5.6 一般准备期中，系列中周期的平均推举强度和总训练量变化。运动员A（实线）为初级训练年龄，运动员B（点线）为中级训练年龄，运动员C（虚线）为高级训练年龄运动员

量而在第4周进行"减负"。一般而言，通过减少训练组数、练习内容和/或训练课次数可以达到减少负荷量的目的。高水平运动员并非需要一直通过该方式累积训练负荷，他们在中周期的更早阶段就可以承受更高的训练负荷，尤其是当前一个中周期的最后一周是减负周时。由于能够承受更大的训练负荷，因此高水平运动员也应当确保在中周期结构中纳入较低的训练负荷周，甚至安排比低训练年龄运动员更多的低训练负荷周。就初级或中级水平的运动员而言，合理的比例安排是3或4个中高训练负荷周对应1个中低训练负荷周，而经验丰富的运动员更适合2个高/极高训练负荷周对应1个训练负荷周的安排。图5.7展示了一般准备期中建议的练习和训练计划。

运动员在一般准备期的力量训练频次建议为每周3~4次。在针对同一肌群的相邻两节力量课之间，应该至少间隔48~72小时。通常来说，负荷量和强度越高，训练课之间所需的休息时间也就越长。针对不同肌群的训练课程相隔时间可以短一些。例如，在同一天内安排上半身和下半身训练课程也是有可能的。

构建专项准备期

进入专项准备期后，训练的重点向爆发力和反应力量转变。其中，反应力量是从此阶段通往竞赛的先决条件。在此阶段，虽然初学者的最大力量可能会继续取得显著进步，但通常情况下该阶段最大力量的增益较小。

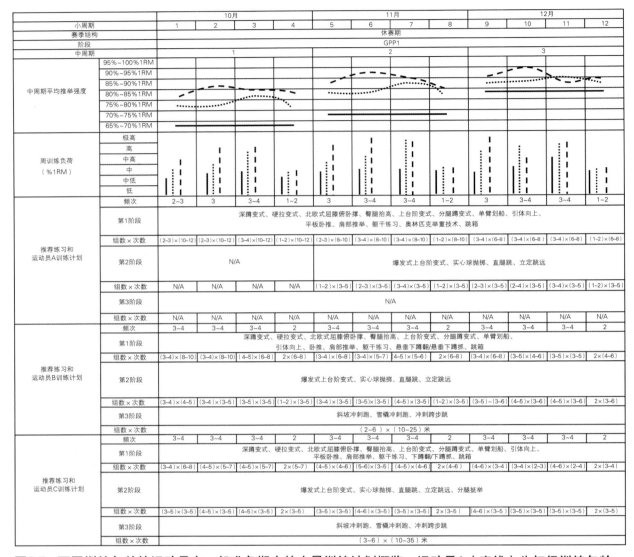

图5.7　不同训练年龄的运动员在一般准备期中的力量训练计划概览。运动员A（实线）为初级训练年龄，运动员B（点线）为中级训练年龄，运动员C（虚线）为高级训练年龄

除了传统的推举练习外，基于1RM百分比的强度计算方法在此训练阶段并非一直通用。例如，在进行自重增强式训练时，由于体重是唯一被用作身体超负荷的阻力，因此上述强度的计算方法并不适用。然而，运动员或教练员仍然需要将此类练习课程的强度和训练量纳入力量训练的监控系统。这种考虑十分必要，因为增强式训练需要在高速情况下产生高水平的力量（Bobbert et al., 1987; Wallace et al., 2010），从而对骨骼肌系统施加更高的应激（Potach et al., 2000）。此外，

这类练习可以产生几倍于运动员体重的峰值地面垂直反作用力（Wallace et al., 2010）。因此，在计算此类练习中的训练量时，仅仅记录体重（或实心球重量）并不一定能够反映施加在运动员身体上的需求。

如表5.1所示，根据运动员主观压力感受度，将这些练习划分为"低""中""中高""高至极高"四个区间，并且和基于1RM百分比的强度进行了等级对应。计算负荷量同样需要用到重复次数与相应的强度等级。例如，在上述

强度分级中，使用中等高度跳箱的"下落跳上跳箱"练习被归为高强度等级。因此，在计算该练习的总负荷量时，需要将重复跳跃的次数乘以90（这项练习的强度等级对应90%的1RM）。该方法可以帮助教练员或运动员将增强式训练和不同的爆发式训练整合到有效的监控系统当中。

总体而言，专项准备期的力量训练强度普遍高于一般准备期（图5.8）。随着专项准备期的推进，第3阶段的训练会越来越重要。如上文所述，和高级训练年龄的运动员相比，初级训练年龄运动员的训练仍会以一般能力的发展为主。此阶段中的力量训练量也会相应减少，以便将训练重点放在短跑及专项技能上，并要避免高水平的疲劳累积对发展造成负面影响。此阶段每周的训练频次建议为1~5次，通常为3~4次。

在距离比赛的最后几周时间里，第1阶段的最大力量练习应在计划中显著减少，以便有充分的时间将力量增益迁移至短跑表现。最大力量练习会导致高度疲劳，进而可能会影响速度力量发展和短跑速度。此外，运动员越强壮，其在最大力量水平开始出现下降前保持的时间就越持久。反之亦然。因此，在为不同训练年龄运动员制订训练计划时，该情况也应在考虑范围之内。

在最后1~2周，周训练频次较专项准备期的初期阶段有所减少，在保持高强度的同时大大降低训练量，这是大赛前的有效减量方法。本章后面的部分将做深入解释。

在针对同一肌群的相邻两节力量课之间，应该至少间隔48~72小时。通常来说，负荷量和强度越高，训练课之间所需的休息时间也就越多。针对不同肌群的训练课程相隔时间可以更短一些。例如，在同一天内安排上半身和下半身训练课程也是有可能的。又如，在同一天或24小时内，完全可以同时进行发展膝关节和踝关节伸肌反应力量的练习（例如，下落跳或障碍跳等垂直跳跃练习），以及强调髋伸肌群的最大力量练习（例如，罗马尼亚硬拉和臀腿抬高）。这样的练习组合不胜枚举，在一周中可以采用小训练课的形式（时长）频繁出现。本章后面将给出更多示例。

构建赛季期

在赛季的比赛期，为了保证在比赛中充满活力，运动员可用于训练的时间将变得更少，取而代之的是恢复需求的增加。如果赛季期不进行力量训练会导致体能下降，但是过多的力量训练也

表5.1　增强式训练的强度分类

练习示例	强度等级	对应的1RM百分比
下落跳上跳箱（跳箱高度由高到低或者由中等到中等）：高强度；跨步跳：高强度；中级障碍反弹跳：高强度；下落跳上跳箱（跳箱高度由高到高）：极高强度；高级障碍反弹跳：极高强度；单腿下落跳（跳箱高度≥35cm）：极高强度	高至极高	90%~100%
下落跳上跳箱（跳箱高度由低到高），连续跳远，中级障碍弹跳，10%自重的负重背心冲刺跑，单腿跳（最大强度）	中高	85%~87%以上
下落跳上跳箱（跳箱高度由低到低），初级障碍反弹跳，连续反向跳，冲刺跨步跳	中	80%~83%以上
蹬踏动作，直腿跳，初级障碍弹跳，单腿跳（次最大强度）	低	75%~77%以上

		3月				4月			
小周期		1	2	3	4	5	6	7	8
赛季结构		休赛期							
阶段		GPP1							
中周期		1				2			
中周期平均推举度（%1RM）	95%~100%1RM								
	90%~95%1RM								
	85%~90%1RM								
	80%~85%1RM								
	75%~80%1RM								
	70%~75%1RM								
	65%~70%1RM								
周训练负荷	极高								
	高								
	中高								
	中								
	中低								
	低								
推荐练习和运动员A训练计划	频次	2~3	3	3~4	1~2	3	3~4	2~3	1~2
	第1阶段	深蹲变式、硬拉变式、北欧式屈膝俯卧撑、引体向上、卧推、肩部推举、躯干练习、悬垂下蹲翻、跳箱				悬垂下蹲翻、跳箱、躯干练习			
	组数×次数	(2~3)×(6-8)	(2~3)×(5-6)	(3~4)×(3-5)	(1~2)×(3-5)	(3~4)×(3-5)	(3~4)×(3-5)	(3~4)×(3-5)	(1~2)×(3-5)
	第2阶段	爆发式上台阶变式、分腿挺举、立定跳远、初级障碍反弹跳				悬垂下蹲翻、初级障碍反弹跳			
	组数×次数	(2~3)×(3-5)	(3~4)×(3-5)	N/A	N/A	(1~2)×(3-5)	(2~3)×(3-5)	(3~4)×(3-5)	(1~2)×(3-5)
	第3阶段	斜坡冲刺跑、冲刺跨步跳、牵引雪橇跑							
	组数×次数	（3~6）×（10~30）米（站立起跑接冲刺跨步跳）							
推荐练习和运动员B训练计划	频次	3~4	3~4	3~5	2	3~4	3~4	3~4	2
	第1阶段	背蹲、罗马尼亚硬拉、引体向上、平板卧推、躯干练习、下蹲翻、跳箱				下蹲翻、跳箱、躯干练习			
	组数×次数	(3~4)×(5-6)	(3~4)×(4-5)	(4~5)×(3-4)	2×(3-4)	(3~4)×(3-5)	(3~4)×(3-4)	(4~5)×(2-3)	2×(2-3)
	第2阶段	爆发式上台阶变式、实心球俯冲投掷、立定跳远、分腿挺举、中级障碍反弹跳、单腿跳				中级障碍反弹跳、单腿跳、跨步跳			
	组数×次数	(3~4)×(4-5)	(3~4)×(3-5)	(3~5)×(3-5)	(1~2)×(3-5)	(3~4)×(3-5)	(3~5)×(3-5)	(4~5)×(3-5)	(1~2)×(3-5)
	第3阶段	斜坡冲刺跑、牵引雪橇跑、冲刺跨步跳							
	组数×次数	（3~7）×（10~35）米							
推荐练习和运动员C训练计划	频次	3~4	3~4	3~5	2	3~5	3~4	2~3	1~2
	第1阶段	背蹲、罗马尼亚硬拉、平板卧推、引体向上、下蹲翻、跳箱、躯干练习				躯干练习			
	组数×次数	(3~5)×(3-5)	(3~5)×(3-5)	(3~5)×(2-3)	(3~5)×(2-3)	N/A	N/A	N/A	N/A
	第2阶段	单腿实心球俯冲投掷、单腿跳深、单腿跳、跨步跳、高级障碍反弹跳、分腿挺举				高级障碍反弹跳、跨步跳、单腿跳			
	组数×次数	(3~5)×(3-5)	(4~5)×(3-5)	(4~5)×(3-5)	2×(3-5)	(3~5)×(3-6)	(4~6)×(3-6)	(3~5)×(3-6)	(1~2)×(3-6)
	第3阶段	斜坡冲刺跑、雪橇冲刺跑、负重背心冲刺跑、冲刺跨步跳				雪橇冲刺跑、冲刺跨步跳、负重背心冲刺跑			
	组数×次数	（4~8）×（20~50）米				（4~8）×（20~60）米			

图5.8　不同训练年龄的运动员在专项准备期中的力量训练计划概览。运动员A（实线）为初级训练年龄，运动员B（点线）为中级训练年龄，运动员C（虚线）为高级训练年龄

可能会导致恢复不足进而对表现产生负面影响。力量训练的最低有效计量不仅有助于保持运动表现，同时还有利于恢复。

研究表明，如果能够保持强度，在一份长期合理的力量训练计划中，每周1次的力量训练课程就足以让力量水平维持数月之久（Bickel et al., 2011; Rønnestad et al., 2011）。因此，比赛阶段的一般规律是每周进行1~2次高强度（大于80%~95%）、低训练量（2~4组，每节训练课不超过4种练习）的力量训练。上述建议一般适用于每隔1~2周进行一次比赛的赛季期。如果比赛间隔时间较长，建议采用更大的训练量（指训练课的训练量和频次），并增加强度变化，以提高而非维持力量水平。此外，将赛季划分为一些独立竞赛阶段的做法十分普遍，每个阶段持续1~2周。在这些短期竞赛阶段通常推荐安排0~1次力量训练课。

一旦进入比赛阶段，运动员必须根据不同的力量素质来调整训练重点，这能够充分保证身体维持各项力量素质的水平。由于爆发力和反应力量在提升短跑速度中至关重要，因此在整个赛季过程中应最大限度地避免最大力量出现下降，为强有力的肌肉收缩提供稳定的平台。鉴于初级运动员的最大力量水平比高级运动员低，因而初级运动员应将更多的时间用于最大力量的维持（图5.9）。在赛季期根据不同力量素质来区分重点有助于运动员调节压力、缓解疲劳、减少损伤及避免过度训练。例如，增强式训练会对运动员的结缔组织（尤其是踝关节和膝关节的肌腱处）施加压力，因此需要阶段性地减少训练量或取消反应力量练习。

构建过渡期

过渡期连接着前后两个年度训练计划，有助于运动员心理休整、身体恢复及放松身心。这个时期通常持续2~4周。相对其他训练期，此阶段具有训练强度低及训练量小的特点。由于长期休息和停训效应会造成之前数月训练中形成的生理适应性大量损耗，所以虽然鼓励休整，但并不建议完全放松。

要避免运动员生理适应性出现显著降低，同时也要确保其身心得到充分休整，可建议运动员参加其他运动项目和休闲娱乐性活动，进行主动恢复。在赛季末期，虽然进行为期一周的被动休息十分必要，尤其当运动员遇到受伤时，但在过渡期的剩余时间内还是应当进行主动性恢复。

构建小周期

由于一节训练课产生的疲劳会对之后的训练课产生影响，因此有效的小周期安排十分重要。例如，如果在以发展重要技能为主的技术或战术训练课之前进行了大训练量的最大力量训练，那么由此导致的疲劳将会严重影响后续发展技术或战术训练课的效果。因此，小周期内训练刺激要素的排序不仅要符合此阶段运动员的训练目标，也要能合理调整此阶段的疲劳累积，从而最大限度地提升短跑速度。

在大多数运动项目中，力量训练的重要性通常次于技术和战术训练，但偶尔也会居于首要地位或在训练总量（包括技术和战术训练）中占据更大比例。例如，如果因力量不足而无法完成技能，那么训练重点便会转移到力量训练方面。这种情况大多发生在一般准备期，因为一般情况下，力量训练从属于技术和战术训练。因此，在小周期内决定何时进行力量训练及训练课采用何种训练量时，必须考虑总的训练量和强度（包括力量训练之外的所有训练）。

在设计小周期时，首先要明确一周内的重点训练课。重点训练课指不能改变，且比一般身体发展训练课更为重要的训练课。这类训练课包括诸如对抗赛或比赛、技术和战术训练课、选拔赛、测试课及训练营等方面，当然也不仅限于此。最终这些训练课将会固定在一周内且不能变更。设计良好的力量训练计划应保证运动员在上

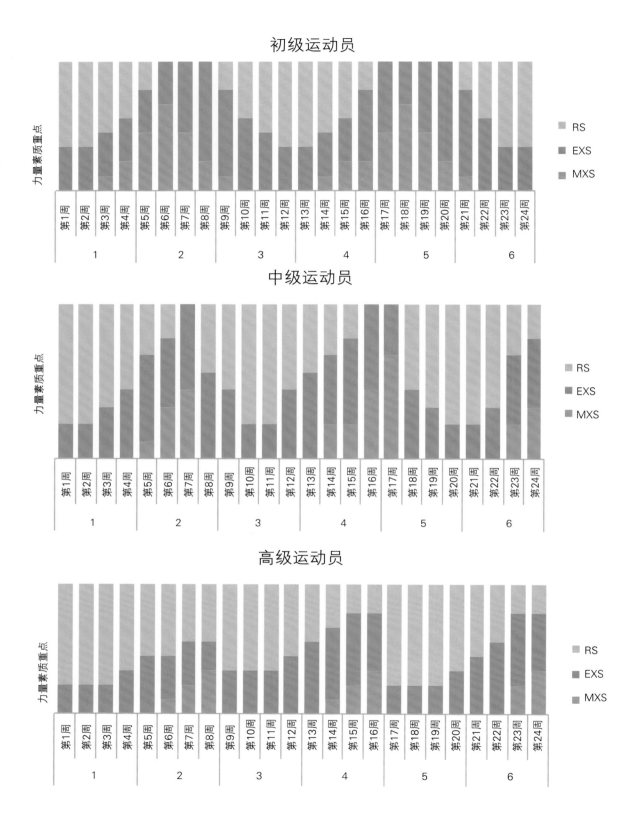

图5.9　不同训练年龄的运动员赛季期不同力量素质发展的分布比例

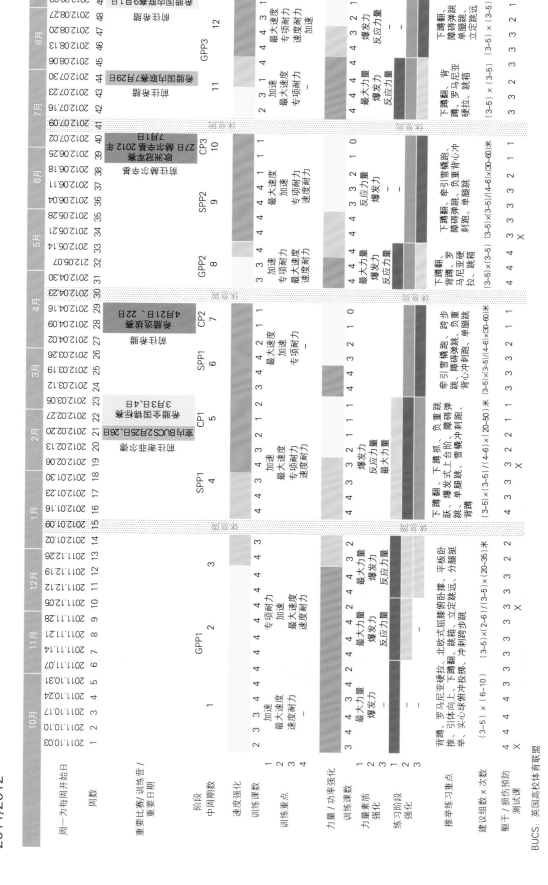

图5.10 2011至2012年田径赛季短跑运动员的年度计划

BUCS: 英国高校体育联盟

述类型的训练课上充满活力。在大多数集体类项目或径赛项目中，以上列举的重点训练课程不会出现，或者在一般准备期早期时不具有重要性，因而允许在力量训练中展现更大的灵活性。在一般准备期的初期，一旦教练员和运动员认为力量训练对于运动员的进步至关重要，那么它就可能成为小周期的重点训练课程。例如，某种力量不足会被视为表现提升的限制性因素。然而，普遍认为，在赛季期之前的阶段，重点训练课程变得越来越重要。

构建训练周的路径

当某个运动项目需要多种身体素质时，设计小周期的有效方法之一是交替训练每日的供能系统。表5.2展示了一名橄榄球运动员在休赛期中的周计划，每周训练6次。在此阶段，该运动员需参加2个俱乐部训练，完成2次最大力量训练课程和2次提升耐力的体能训练课程。交替训练每日供能系统能使其中一种能量系统或神经系统在

再次动员之前得到充分恢复，由此保证运动员在本周更好地控制疲劳度并达到最佳训练效果。

第1步：明确一周内的重点训练课程，见表5.3中的示例。请注意周六的训练课是这周训练的重点。

第2步：明确当前训练阶段的主要身体能力发展目标［应与年度计划（图5.10）相符］及需要的具体训练课。在此例中，建议该运动员进行一节最大负重的最大力量训练课程，一节旨在发展反应力量的速度力量训练课程及2节耐力训练课（30分的低强度跑步）。

第3步：对一周内每节训练课程的"疲劳因子"进行评分，即对每节训练课程结束后的用力程度进行评估（表5.4）。例如，教练员或运动员认为会引起较低疲劳度的训练课程评分为1，引起中度疲劳度的训练课程评分为2，引起高度疲劳度的训练课程评分为3。可以根据以往经验来决定这些分数。确定训练负荷的一种方法是将训练时长（以分为单位）乘以基于运动员在训练

表5.2 橄榄球运动员的小周期安排示例，供能系统每天交替训练

	周一	周二	周三	周四	周五	周六	周日
训练课类型	俱乐部训练：一般体能训练课	最大力量训练课	代谢训练课	俱乐部训练：技术＆战术训练	代谢训练课	力量	休息
主要供能系统	有氧供能系统	ATP–CP系统	有氧供能系统	ATP–CP系统	耐力	最大力量	休息
对神经系统的压力	低	高	低	中等	低	高	–

表5.3 在一个假设的小周期中为发展多项身体素质而确定的重点训练课程

	周一	周二	周三	周四	周五	周六	周日
上午		监控训练课				专项练习	
下午	专项练习			专项练习			

表5.4　小周期内训练课程结束后的疲劳度评分（注意未安排最大力量、功率及耐力训练）

	周一	周二	周三	周四	周五	周六	周日
上午		监控训练课				专项练习	
疲劳度		1				3	
下午	专项练习			专项练习			
疲劳度	2			2			

最大力量：疲劳度3（每周需要1节训练课）；功率（反应力量）：疲劳度1（每周需要1节训练课）；低强度耐力训练：疲劳度1（每周需要2节训练课）。

中的用力程度，得到的分数中，其中"1"代表非常轻松，"10"代表最大用力程度。

第4步：将训练课安排在一周内，尽可能将训练课程及重点训练课程之间的干扰影响降至最低。每节训练课程引起的疲劳度都要进行统计，以便合理安排一周的训练课程。表5.5展示了安排训练课程的一个示例，以最大限度地提高运动员对重点训练课程的准备度，并最大化地利用每节训练课程诱导的适应性。图5.11描述了运动员的疲劳状态，显示出通过合理的小周期安排，运动员在这周的关键训练期（周六）中达到了最佳状态。应注意训练课程会累积疲劳度而休息或恢复课则会储备活力。两者都会影响运动员的竞赛准备状态。例如，如果早晨的最大力量训练疲劳度为3分，那么运动员的准备度要减少3分。如果这节训练课程后下午是休息或恢复阶段，那么运动员的准备度要增加1分。注意，休息一晚可以获得2个"活力分"。

对于每周数日、每日训练多次的短跑运动员，建议根据正在发展的各项素质进行同步训练，并考虑对疲劳度进行管理。大部分短跑项目运动员的训练重点是速度、功率和爆发性。这些活动会产生高度疲劳感，因此可以通过将相似身体素质整合在一起的方式实现高、低强度训练日间的交替。这种交替式训练能够确保身体系统从高强度训练日中恢复过来，从而最大限度地提高训练课中的速度和爆发性。表5.6举例说明了相似身体素质的分组方式。

表5.5　最大限度地提高重点训练课程准备度的小周期安排

	周一	周二	周三	周四	周五	周六	周日
上午	低强度耐力	监控训练课	休息	功率训练	休息	专项练习	休息
疲劳度	1	1	—	1	—	3	—
下午	专项练习	最大速度训练	低强度耐力	专项练习	休息	休息	休息
疲劳度	2	3	1	2	—	—	—

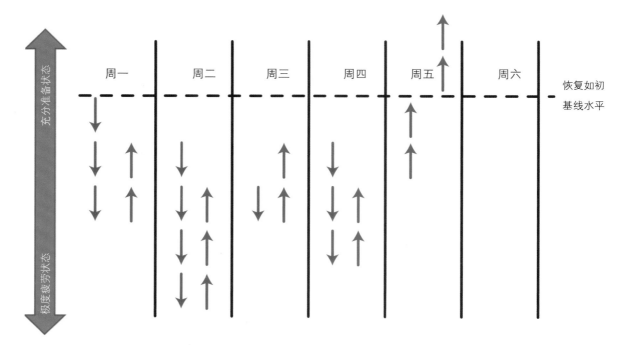

图5.11   基于小周期安排和累积疲劳度的运动员准备度变化

表5.6   高、低强度训练的短跑运动员的小周期安排

	周一	周二	周三	周四	周五	周六	周日
上午训练课	田径场加速主题	节奏跑	田径场最大速度主题	休息	田径场加速主题	专项耐力主题	休息
下午训练课	爆发性力量主题（实心球投掷和负重爆发式跳跃）	躯干强化和专项灵活性训练	增强式训练课	躯干强化和专项灵活性训练	爆发性力量主题（实心球投掷和负重爆发式跳跃）	最大速度主题	休息

首先，值得注意的是，周一安排了田径场上的实操训练课，因为在该示例中，这是一周最为重要的训练内容。其次，高强度日应优先于低强度日或休息日，从而确保在每个高强度日都能发挥最大力量和速度。最后，力量训练课需要在发展相似素质能力的田径实操训练课中进行。例如，最大速度训练日包含了反应力量训练课，同时加速训练日包含了爆发力训练课。这样，各个训练课之间可以相互补充。

减量期

竞赛前的时期应谨慎管理，如果不能成功地进行减量训练，那么过去的几周、几个月甚至几年的付出都可能被浪费，或者至少无法让表现达到最佳。当减量期开始时，应采用什么样的力量负荷模式，应减少多少训练负荷，以及应采用多少推举强度，这些都是临近比赛时需要考虑的重要因素。这些问题的答案并非总是显而易见，因为运动项目的特征、不同训练年龄运动员的反应，以及能力和压力因素在减量期内往往无法预

表5.7 一名100米短跑运动员在临近重大比赛前的10天减量期。请注意，训练量比之前的训练周减少了40%~60%

	第10天	第9天	第8天	第7天	第6天
上午训练课	前往赛场	休息	步伐跳跃训练	加速和起跑器起跑训练	休息
下午训练课		躯干强化和专项灵活性训练	专项灵活性训练	爆发性力量训练	休息
力量训练课安排	N/A	躯干循环训练（4项练习，3个循环）	N/A	下蹲翻：6 x 2（75%的1RM） 实心球俯冲投掷（4 x 3） 爆发式上台阶 3 x 4（低负重） 臀推：4 x 3（85%的1RM）	N/A

	第5天	第4天	第3天	第2天	第1天
上午训练课	最大速度和加速训练	休息	前往赛场	最大速度训练	起跑器起跑训练
下午训练课	爆发性和反应性力量训练	起跑器起跑训练		爆发性力量训练	爆发性力量训练
力量训练课安排	牵引雪橇跑（3 x 30）米 冲刺跨步跳（3 x 30）米 立定跳远（3 x 4） 躯干循环训练（4项练习，3个循环）	N/A	N/A	实心球后抛（2 x 4） 实心球俯冲投掷（2 x 4） N/A	高翻：2 x 2（75%的1RM） N/A

料。鉴于这些原因，测试和误差、直觉及经验往往在优化减量期的效果中发挥着重要作用。即便如此，还是需要利用科学的数据和研究来帮助阐释这些判断。

正如前文所述，在临近比赛时，第1阶段的最大力量训练同过去几周相比应大量减少。最大力量训练课和练习容易导致疲劳，建议在专项准备期的后段让速度发展受到的干扰最小化。一般而言，应在比赛前8~14天改变训练量。训练负荷在此期间逐渐减少40%~60%，这是有效减量阶段中最为关键的因素（Bosquet et al.，2007）（表5.7）。训练强度如果不是略微增加的话，应当保持高强度。

比赛前一天，"预激活"训练课通常会被用来刺激运动员增加睾酮以提升表现。有时，这些训练课甚至可以在比赛当日稍早的时间段进行。只有高级训练年龄的运动员才能进行这类训练。下面列举了该类训练课的示例。

·2组 × 2次85%的1RM负重背蹲，组间休息2分。

- 2组 × 2次75%的1RM负重高翻，组间休息2分。
- 2组 × 3次20%的1RM负重蹲跳，组间休息2分。

小结

针对速度进行的周期性力量训练方法取决于多种因素。无论采用何种方法，都应考虑运动员的训练年龄、统筹安排、休息和恢复、训练目标、经验、直觉及科学研究。如果没有长远的训练计划，可能无法获得训练课诱导的预期生理适应性。

周期安排有效地约束了一年的活动组织，并规定了运动员在赛季期开始前发展力量素质的时间。大体而言，训练年可分为多个阶段。在一般准备期和专项准备期这两个阶段可以获得最佳收益。正如该阶段的命名一样，一般准备期指发展一般力量的时期。该阶段的训练重点通常是在训练强度和负荷量不断增大的情况下提升最大力量，具体持续时长会根据运动员的训练年龄而有所不同。运动员目前的最大力量水平将决定其功率生成潜能的上限。所以，最大力量水平较低的运动员在进入专项准备期之前，很可能会在一般

准备期花费更长的时间。随着运动员变得更加强壮，最大力量水平对功率生成的影响程度也会减弱。因此，高级训练年龄的运动员应该更快地进入专项准备期进行训练。

通常情况下，尽管专项准备期的力量训练强度有所增加，但中周期的负荷量可能低于一般准备期，这在一定程度上与运动专项训练量的增加有关。高强度的训练负荷很可能会影响运动技能和短跑速度的发展，因此负荷量可能会减少。在专项准备期内，练习选择应当按照短跑动作力学特异性进阶，并且应当具有互补性。随着这一阶段的推进，第2阶段和第3阶段的练习将成为主要选择。

由于一周的训练建立在全年中其他训练周的基础上，因此会形成若干安排合理的刺激和恢复中周期，减量训练期是优化比赛中速度能力的关键。不合理的减量安排会导致表现不佳，致使运动员几个月的艰苦努力只能获得相对于自身的次优表现。无论采用何种方法进行周期性力量训练，都应考虑运动中所有训练要素在训练期的积累。不仅如此，其重点还应放在设计和实施敏感及反馈迅速的训练方法上，并以科学研究和以往经验为基础。

参考文献

Baker, D. & Newton, R. (2006). Adaptations in upper-body maximal strength and power output resulting from long-term resistance training in experienced strength-power athletes. *Journal of Strength and Conditioning Research, 20*, 541–546.

Bickel, C., Cross, J. & Bamman, M. (2011). Exercise dose to retain resistance training adaptations in young and older adults. *Medicine and Science in Sports and Exercise, 43*, 1177–1187.

Bobbert, M., Huijing, P. & van Ingen Schenau, G. (1987). Drop jumping I. The influence of jumping technique on the biomechanics of jumping. *Medicine and Science in*

Sports and Exercise, 19, 332–338.

Bosquet, L., Monpetit, J., Arvisais, D. & Mujika, I. (2007). Effects of tapering on performance: a meta-analysis. *Medicine and Science in Sports and Exercise, 39*, 1358–1365.

Cormie, P., McGuigan, M. & Newton, R. (2010). Adaptations in athletic performance after ballistic power versus strength training. *Medicine and Science in Sports and Exercise, 42*, 1582–1598.

Cormie, P., McGuigan, M. & Newton, R. (2010). Influence of strength on magnitude and mechanisms of adaptations to power training. *Medicine and Science in Sports and*

Exercise , 42, 1566–1581.

Kaneko, T. (2004). Effect of multiple-load training on the force-velocity relationship. *Journal of Strength and Conditioning Research, 18*, 792–795.

Kraemer, W. & Newton, R. (2000). Training for muscular power. *Physical Medicine and Rehabilitation Clinics of North America, 11*, 341–368.

Newton, R. & Kraemer, W. (1994). Developing explosive muscular power: implications for a mixed method training strategy. *Strength and Conditioning Journal, 16*, 20–31.

Potach, D. & Chu, D. (2000). Plyometric training. In T. Beachle & R. Earle, *Essentials of Strength and Conditioning* (pp.

427–470). Leeds: Human Kinetics.

Rønnestad, B., Nymark, B. & Raastad, T. (2011). Effects of in-season strength maintenance training frequency in professional soccer players. *Journal of Strength and Conditioning Research, 25*, 2653–2660.

Wallace, B., Kernozek, T., White, J., Kline, D., Wright, G., Peng, H., & Huang, C. (2010). Quantification of vertical ground reaction forces of popular bilateral plyometric exercises. *Journal of Strength and Conditioning Research, 24*, 207–212.

第六章

练习库

本章介绍的大量练习是构成运动员训练计划的基础。关于这些练习的益处以及如何将它们列入有效的力量训练计划，请参阅第四章和第五章，也可参考附录中列举出的详细力量训练计划。

热身

练习
交替屈膝俯卧撑

教学要点
- 以俯卧撑姿势开始。
- 背部保持中立位。
- 脸部面向面前的地板。
- 双脚足跟轮流蹬推地面。

练习
深蹲

教学要点
- 双脚分开站立，与肩同宽。
- 背部保持中立位。
- 挺胸。
- 肩胛骨向后、向下拉。
- 目视前方。
- 双臂交叉，双手置于肩部前方。
- 下蹲，直至大腿与地面平行。
- 膝关节垂线投影与足尖对齐。
- 足跟保持与地面接触。
- 背部保持中立位，挺胸。

练习
弓步走拉伸腘绳肌

教学要点
- 足趾指向前方。
- 弓步时，膝关节向前，不超过足尖。
- 髋关节对齐，朝向前方。
- 后腿伸直，直至感觉到腘绳肌有拉伸感，然后向前迈出下一个弓步。

练习

弓步走伸展背部

教学要点

· 足趾指向前方。

· 弓步时，膝关节向前，不超过足尖。

· 髋关节对齐，朝向前方。

· 向上和向后伸展躯干和上肢，直至前侧腿的
  股四头肌有拉伸感，然后向前迈出下一个弓
  步。

练习

单腿臀桥

教学要点

· 收紧臀部。

· 将髋关节和下背部从地面提起。

· 肩关节和髋关节对齐。

· 背部保持平直。

· 支撑腿保持起始姿势，另一条腿伸直并
  抬高。

· 手掌朝上。

练习

平板支撑直臂转体

教学要点

· 踝、膝、髋和肩对齐排列。

· 收紧腹部。

· 转动髋关节和肩关节，使一只手离开地面。

· 头部保持中立位。

练习

十字转体

教学要点

- 仰卧，双臂与肩同高，身体呈 "T" 形。
- 踝、膝、髋和肩对齐排列。
- 转动躯干和髋关节，带动一只脚摆向对侧手。
- 回到起始姿势，另一侧腿重复同样的动作。

练习

蝎子式转体

教学要点

- 俯卧，踝、膝、髋和肩对齐排列。
- 转动躯干和髋部，顺势将一只脚移动至对侧髋部的高度。
- 另一侧腿保持与地面接触。

练习

前后绕肩

教学要点

- 双脚并拢站立，踝、膝、髋和肩对齐排列。
- 挺胸。
- 目视前方。
- 手臂伸直向前，然后向后转动1.5圈，再向前转动1.5圈。

第1阶段

下肢双侧练习	下肢单侧练习	上肢拉力练习	上肢推力练习
		最大力量	
背蹲	上台阶	俯身杠铃划船	平板杠铃卧推
前蹲	箭步	反手引体向上	斜板杠铃卧推
过顶深蹲	单腿深蹲	正手引体向上	窄握平板卧推
腿推举	原地分腿蹲	单臂俯身划船	平板哑铃卧推
硬拉	保加利亚分腿蹲	仰卧划船	斜板哑铃卧推
罗马尼亚硬拉	单腿推举		哑铃肩上推举
北欧式屈膝俯卧撑	单腿罗马尼亚硬拉		俯卧撑
臀腿抬高	单腿提踵		
髋屈伸训练			
瑞士球腿部卷曲			
单腿瑞士球腿部卷曲			
杠铃臀推			
		爆发力	
下蹲翻			卧推抛起
悬垂下蹲翻			爆发式俯卧撑
髋部悬垂下蹲翻			站姿推送杠铃
下蹲抓			
悬垂下蹲抓			
悬垂拉			

发展最大力量的下肢双侧练习

练习
背蹲

阶段	教学要点
拿起杠铃	· 杠铃置于腋窝高度的深蹲架上。 · 面对杠铃和深蹲架，将杠铃置于身后。 · 正握式抓握杠铃（拇指环绕杠铃杆）。 · 身体位于杠铃下方，使杠铃落在上斜方肌／三角肌后束或中斜方肌之上。 · 肘关节屈曲约90°，拉向后方。 · 背部保持中立位，吸气，伸展踝、膝和髋关节，推起背后杠铃呈站立姿势。 · 后退离开深蹲架两三小步。
起始姿势	· 抬头（目视前方）。 · 肩胛骨向后、向下拉。 · 挺胸。 · 双脚分开略宽于肩宽。 · 足尖微微外旋。 · 重心均匀分布于双脚。
下蹲	· 吸气，屏住呼吸。 · 收紧下背部，收紧腹部。 · 屈曲踝、膝和髋关节，向下蹲至大腿与地面平行。 · 足跟始终与地面接触，重心移到脚的后部。 · 脊柱保持中立位。
蹲下的姿势	· 抬头。 · 挺胸（手肘向后拉）。 · 重心分布在脚的后部。 · 膝关节向前，不超过足尖。 · 背部挺直。

阶段	教学要点
上升	· 胸部主导，踝、膝和髋关节有力伸展。
	· 确保膝关节不超过足尖。
	· 脊柱保持中立位的自然曲线。
	· 抬头（目视前方）。
	· 直立时呼气。
放下杠铃	· 返回深蹲架，直至杠铃位于支架正上方。
	· 屈曲踝、膝和髋关节，保持背部挺直，直至将杠铃安全地放置在支架上。

练习

前蹲

教学要点

所有的教学要点都和背蹲一样，只是杠铃置于肩部前方，保持平衡，手指稍微伸展。两手的距离应略大于肩宽，肘关节在整个动作过程中应保持高位。

练习

过顶深蹲

阶段	教学要点
起始姿势	· 采用宽握式抓握杠铃。 · 充分伸展肘关节。 · 杠铃在头部正上方。 · 抬头（目视前方）。 · 挺胸。 · 双脚分开略宽于肩宽。 · 足尖微微朝外。 · 重心均匀分布于双脚。
下蹲	· 吸气，屏住呼吸。 · 屈曲踝、膝和髋关节，向下蹲至大腿与地面平行。 · 保持肘关节伸直。 · 脊柱保持中立位。 · 足跟贴地板，重心转移到脚的后部。
蹲下的姿势	· 杠铃在头部正上方。 · 挺胸抬头。 · 重心落在足跟处。 · 膝关节向前，不超过足尖。 · 大腿与地面平行。 · 背部挺直。
上升	· 胸部带动踝、膝和髋关节有力伸展。 · 确保膝关节不超过足尖。 · 脊柱保持中立位的自然曲线。 · 重心从足跟转移到前脚掌。 · 依然目视前方。 · 直立时呼气。

阶段	教学要点
放下杠铃	· 走至深蹲架，直至杠铃位于支架正上方。
	· 屈肘，使杠铃落在斜方肌上。屈踝，将杠铃放回支架。

练习

腿推举

阶段	教学要点
起始姿势	· 背部保持挺直。
	· 双脚分开与髋同宽。
弯曲	· 有控制地弯曲腿部，直到膝关节呈90°或更小角度。
	· 保持下背部贴紧靠背。
上升	· 将踏板推回到起始位置。
	· 背部保持中立位，贴紧靠背。

练习
硬拉

阶段	教学要点
起始姿势	· 杠铃放置在地板上。 · 双脚分开站立，与髋同宽。 · 屈曲踝、膝和髋关节，向下蹲至大腿与地面平行。 · 双手正握式（或反握式）抓握杠铃，双手间距大于双腿间距。 · 膝关节、胸部和肩膀高于杠铃。 · 背部挺直。 · 抬头（目视前方）。 · 挺胸。 · 吸气，屏住呼吸。
上升	· 屈曲膝关节，躯干弯曲角度保持不变，直到杠铃到达膝关节处。 · 一旦杠铃到达膝关节，伸展髋关节。 · 保持杠铃靠近小腿，然后靠近大腿。 · 双肘伸直。 · 脊柱保持中立位。 · 依然目视前方。
结束姿势	· 直立时呼气。 · 肩胛骨向后、向下拉。 · 挺胸。 · 重心均匀分布。
回到起始姿势	· 与上升姿势相反。 · 弯曲髋、膝和踝关节，直到杠铃再次回到地面上。 · 脊柱保持中立位。

练习
罗马尼亚硬拉

阶段	教学要点
起始姿势	· 双脚分开站立，与髋同宽，足尖朝前。 · 将肩胛骨向下、向后拉。 · 挺胸。 · 背部挺直。 · 抬头（目视前方）。 · 双手正握式抓握杠铃，双手间距大于双腿间距。 · 重心均匀分布。
下蹲	· 膝关节微屈，在整个下蹲过程中始终保持此角度不变。 · 屈髋，将杠铃带向地面。 · 下背部保持中立位。
蹲下的姿势	· 下背部保持中立位。 · 抬头（目视前方）。 · 屈髋。 · 膝关节微屈。 · 胸部和肩膀高于杠铃。 · 手臂伸直。
上升	· 伸展髋关节和膝关节。 · 下背部保持中立位（挺直）。 · 回到起始姿势。

练习

北欧式屈膝俯卧撑

阶段	教学要点
起始姿势	· 跪姿。 · 把脚固定在某物体上，或者让训练伙伴帮助固定双脚。 · 保持躯干直立，膝关节、髋关节和肩膀呈一条直线。
下降	· 身体朝向地板下降，膝关节、髋关节和肩膀保持一条直线。 · 尽量朝向地板下降，直至感到难以控制躯干，即躯干有"掉落"感。 · 用手臂缓冲下降的过程。
上升	· 立即用手臂推地，协助身体向上直立。 · 推力不应太大，能够推动身体回到起始姿势就可以。 · 通过屈曲膝关节，用腘绳肌腱将身体拉回起始姿势。 · 膝关节、髋关节和肩膀保持一条直线。

练习

臀腿抬高

阶段	教学要点
起始姿势	· 双脚应固定在臀腿抬高器械中。 · 膝关节、髋关节和肩膀保持一条直线。 · 膝关节弯曲呈90°。
下降	· 身体面朝地面下降，同时膝关节、髋关节和肩膀保持一条直线。 · 身体下降至躯干与地面平行，同时膝关节、髋关节和肩膀保持一条直线。 · 弯曲髋关节，肩膀向地面下降，脊柱保持中立位，锻炼臀部肌肉。
上升	· 做相反方向的动作以回到起始位置。

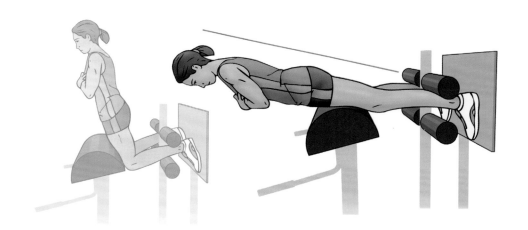

练习

髋屈伸训练

阶段	教学要点
下蹲	· 站立，双脚分开与髋同宽，足尖指向前方。 · 将肩胛骨向后、向下拉。 · 挺胸。 · 背部挺直。 · 抬头（目视前方）。 · 从两腿中间握住绳柄。 · 膝关节微屈。 · 屈髋。 · 下背部保持中立位。
上升	· 伸展腿部和髋部，将绳柄拉至胸前。 · 在重复相同的动作前，背部有控制地下沉。

练习

瑞士球腿部卷曲

阶段	教学要点
起始姿势	· 足跟放于球上，足尖指向天花板。 · 从侧面看，肩膀、髋关节、膝关节和踝关节呈一条直线。
卷曲	· 把足跟拉向臀部。 · 足跟移动时抬高髋部，从侧面看，肩膀、髋关节和膝关节保持一条直线。 · 背部下沉，回到起始位置，重复动作。

练习

单腿瑞士球腿部卷曲

教学要点

此动作与瑞士球腿部卷曲要点一样，但只用一条
腿接触瑞士球。

练习

杠铃臀推

阶段

起始姿势

教学要点

- 站立，两脚分开与肩同宽。
- 足尖指向前方。
- 膝盖不超过足尖。
- 上背部靠在靠背上。
- 正握式抓握杠铃。
- 伸髋，膝关节、髋关节和肩膀呈一条直线。
- 脊柱保持中立位。

下降

- 屈髋，有控制地落下杠铃。
- 脊柱保持中立位。
- 膝关节和足尖在一条直线上。
- 杠铃圆盘短暂接触地面。

上升

- 爆发式地伸髋。
- 脊柱保持中立位。
- 膝关节与足尖在一条直线上。
- 回到起始姿势。

发展最大力量的下肢单侧练习

练习

上台阶

阶段	教学要点
起始姿势	· 一只脚放在台阶（或同等高度的平台）上，大腿与地面平行。 · 挺胸。 · 肩胛骨向下拉。
上升	· 上台阶时，伸展髋关节和放在台阶上的腿的膝关节。 · 重量均匀分布于双脚。 · 登上台阶时，在地面上的腿尽量不用力。
下降	· 用同一条腿做相反方向的动作。重复动作。

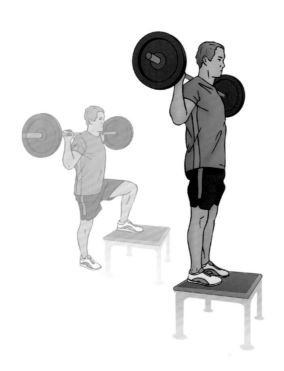

练习

箭步

阶段	教学要点
起始姿势	· 站立，双脚分开与髋同宽，面向前方。 · 挺胸。 · 肩胛骨向后、向下拉。
下降	· 一条腿向前迈一大步，身体有控制地下降呈弓步。 · 前腿大腿与地面平行。 · 后腿膝关节微微离地。 · 躯干挺直。 · 重量均匀分布于前脚。
上升	· 做相反方向的动作，前脚用力将身体推起。

练习

单腿深蹲

阶段	教学要点
起始姿势	· 一条腿站在台子上，另一条腿位于身体前面。
下蹲	· 身体垂直下降，直到前腿大腿与地面平行或更低。 · 挺胸。 · 重量均匀分布于脚。
上升	· 做相反方向的动作，用站在台子上的脚将身体推起。 · 保持胸部挺直。

练习

原地分腿蹲

阶段	教学要点
起始姿势	· 向前一大步。 · 后脚的重心在足尖。 · 前脚的重量均匀分布。 · 躯干保持挺直。
下蹲	· 身体垂直下降，直到前腿大腿与地面平行。 · 后腿膝关节微微离地。 · 胸部保持挺直。
上升	· 做相反方向的动作，前脚用力将身体推起。

练习

保加利亚分腿蹲

阶段	教学要点
起始姿势	· 一只脚放在台子上，另一只脚向前一步，重量均匀分布在前脚。
下降	· 挺胸。 · 将肩胛骨拉向后、向下拉。 · 身体垂直下降，直到前腿大腿与地面平行。 · 保持胸部挺直。
上升	· 做相反方向的动作，前脚用力将身体推起。

练习

单腿推举

教学要点

此动作与腿推举要点一样，
但是只用一条腿推举。

练习

单腿罗马尼亚硬拉

阶段	教学要点
起始姿势	· 站立，双脚分开与髋同宽，足尖朝前。 · 将肩胛骨向后、向下拉。 · 拿球（或杠铃）置于髋部高度，球（或杠铃）微微离开身体。 · 挺胸。 · 背部挺直。 · 抬头（目视前方）。
下降	· 膝关节微屈。起支撑作用的膝关节在整个下降过程中保持同一弯曲度。 · 屈髋，一条腿放于身后。 · 手持球向地面移动。 · 下背部保持中立位（前屈曲线）。
姿势	· 下背部保持中立位。 · 抬头（目视前方）。 · 屈髋。 · 膝关节微屈。 · 手臂、手肘伸直。 · 手腕、手肘和肩膀对齐。 · 保持姿势。 · 尽量屈髋，同时脊柱保持中立位。
上升	· 伸展髋关节和膝关节。 · 下背部保持中立位（挺直）。 · 回到起始姿势。

练习

单腿提踵

阶段	教学要点

阶段

起始姿势

教学要点

- 一只脚的前脚掌站在台子边缘，脚后跟悬空。
- 另一只脚勾在站在台子上的脚后。
- 站在台子上的脚的同侧手拿一个哑铃。
- 另一只手扶在固定的物体上，保持平衡。

下降

- 身体垂直下降，直到脚后跟不能再向下为止。

上升

- 做相反方向的动作，伸展站在台子上的脚踝。
- 身体向上，用足尖支撑。

发展最大力量的上肢拉力练习

练习
俯身杠铃划船

阶段	教学要点
起始姿势	· 站立，双脚分开与髋同宽，足尖朝前。 · 肩胛骨向后、向下拉。 · 挺胸。 · 背部挺直。 · 采用正握式在双腿外侧抓杠。 · 膝关节微屈。 · 重量均匀分布。 · 屈髋，将杠铃朝向地面下放。
上升	· 下背部保持中立位。 · 将杠铃拉向胸部。 · 手肘保持向外。 · 拉至最高位时短暂停留。
下降	· 下放杠铃，控制身体回到起始姿势。

练习
正手引体向上

阶段	教学要点

阶段

起始姿势

教学要点
- 正握式抓握横杆，双手与肩同宽。
- 肩胛骨向后、向下拉。
- 屈膝，双脚稍微置于身体后方。
- 双腿交叉。
- 肘关节完全伸展。
- 目视前方。
- 吸气，屏住呼吸。

上拉
- 收紧下背部和腹部。
- 屈肘，将身体拉向横杆。
- 肩胛骨向后、向下拉。
- 继续屈肘至下巴越过横杆。

最高位置
- 开始呼气。
- 肩膀、髋部和膝关节对齐。
- 背部挺直。
- 屈肘。
- 肩胛骨向后、向下拉。
- 挺胸。
- 目视前方。

下降
- 伸展肘关节和肩关节，有控制地进行下降动作，直到身体完全伸展，回到起始姿势。

练习

反手引体向上

教学要点

此动作与正手引体向上要点一样，不同的是运动员应采用反手握杆。

练习

单臂俯身划船

阶段	教学要点
起始姿势	· 站立，双脚分开与髋同宽，足尖朝前。 · 一只手放在台子上，肩膀向后、向下拉。 · 另一只手紧握哑铃，腕、肘和肩关节呈一条直线。 · 膝关节微屈。 · 背部挺直。
上升	· 肘关节主导向天花板方向提拉哑铃。 · 背部保持挺直。
下蹲	· 有控制地下放哑铃，回到起始姿势。

练习

仰卧划船

阶段	教学要点
起始姿势	· 正握式抓握横杆，双手握距与肩同宽。 · 髋部离地，踝、膝、髋和肩关节呈一条直线。 · 肩关节保持向后、向下沉。
上升	· 将身体拉向天花板，胸部触碰横杆。 · 踝、膝、髋和肩关节保持一条直线。
下降	· 身体有控制地下放至起始姿势。

发展最大力量的上肢推力练习

练习

平板杠铃卧推

阶段	教学要点
起始姿势	· 正握式抓握杠铃，握距略大于肩宽。 · 双臂完全伸展。 · 杠铃在颈部正上方。 · 头和背部贴紧卧凳。
下降	· 将杠铃下放至胸部中段。 · 控制速度。 · 头和背部贴紧卧凳。
上升	· 将杠铃推回至起始位置。

练习
斜板杠铃卧推

教学要点
此动作与平板杠铃卧推要点相同，但运动员应仰卧在倾斜的靠背上。

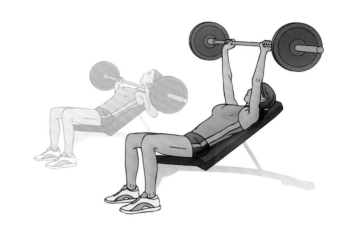

练习
窄握平板卧推

教学要点
此动作与平板杠铃卧推要点相同，但是双手握距应略小于肩宽。

练习
平板哑铃卧推

教学要点
此动作与平板杠铃卧推要点相同，但是采用哑铃推举。

练习

斜板哑铃卧推

教学要点

此动作与平板哑铃卧推要点相同，但运动员应仰卧在倾斜的靠背上。

练习

哑铃肩上推举

阶段	教学要点
起始姿势	· 手握哑铃，置于双耳高度。 · 掌心朝前。 · 收紧腹部。 · 目视前方。 · 肩胛骨向后、向下拉。
上升	· 伸展手臂，将哑铃推向天花板。 · 手臂伸直，两个哑铃相碰时停下动作。 · 背部挺直，收紧腹部。 · 继续目视前方，保持肩胛骨向后、向下沉。
下降	· 有控制地下放哑铃，回到起始姿势。

练习
俯卧撑

阶段	教学要点
起始姿势	· 俯卧，双手撑地距离略宽于肩。 · 踝、膝、髋和肩关节呈一条直线。 · 肩关节在双手上方。 · 头部保持中立位。
下降	· 屈肘，胸部有控制地下降，直至鼻子碰到地面。 · 踝、膝、髋和肩关节呈一条直线。
上升	· 伸展手臂，将身体推回至起始姿势。

发展爆发力的下肢双侧练习

练习

下蹲翻

阶段	教学要点
起始姿势	

阶段
起始姿势

教学要点
- 采用宽距锁握方式抓杠，双肘置于膝关节外侧。
- 肘关节锁定。
- 站立，双脚分开与髋同宽，位于杠铃正下方。
- 杠铃靠近胫骨。
- 背部保持中立位。
- 挺胸。
- 将肩胛骨向后、向下拉。
- 抬头。
- 重心转移到前脚掌。

第一次提铃
- 呼吸。
- 伸展膝关节。
- 背部保持平直，挺胸。
- 躯干始终保持相同的角度。
- 重心转移到足跟。
- 杠铃靠近胫骨。
- 第一次提铃结束后，杠铃应该正好在膝关节以上。

过渡
- 伸展髋关节。
- 屈膝，膝关节位于杠铃前下方。
- 重心转移到前脚掌。
- 进入"准备起跳"的姿势，杠铃位于大腿中段高度。

第二次提铃
- 以跳跃的动作爆发式地伸展踝、膝及髋关节。
- 同时爆发式地耸肩。
- 杠铃始终靠近身体。
- 保持手臂伸展。

阶段	教学要点
接杠	· 在第二次提铃达到最高位置时开始屈肘。 · 杠铃始终靠近躯干。 · 重心下移。 · 围绕杠铃转动肘关节和腕关节。 · 以深蹲姿势落地。双脚采用宽站距，以达到更大的深蹲幅度。 · 用三角肌前束支撑杠铃。 · 肘部指向前方。 · 重心转移到足跟。
起身	· 胸部主导。 · 同时伸展踝、膝和髋关节。 · 背部挺直。 · 直立完成后呼气。

练习

悬垂下蹲翻

阶段	教学要点
起始姿势	· 正握式锁握杠铃，置于膝关节上方。 · 站立，双脚分开与髋同宽，足尖朝前。 · 膝关节微屈。 · 背部保持中立位。 · 挺胸。 · 肩胛骨向后、向下拉。 · 目视前方。

阶段	教学要点
过渡	· 收紧所有肌肉，吸气。 · 伸展髋关节。 · 膝关节微屈，并向杠铃的前侧下方移动。 · 重心转移到前脚掌。 · 做好"准备起跳"的姿势，此时杠铃位于大腿中段高度。
提铃	· 以跳跃的动作爆发式地伸展踝、膝和髋关节。 · 同时爆发式地耸肩。 · 杠铃始终靠近身体。 · 手臂仍然伸展。
接杠	· 在第二次提铃达到最高处时开始屈肘。 · 杠铃始终贴近躯干。 · 重心下移直到肘关节转到杠铃下方。 · 以"前蹲"姿势在深蹲位接住杠铃。 · 重心转移到足跟。
起身	· 胸部主导。 · 伸展踝、膝和髋关节。 · 背部挺直。 · 直立时呼气。

练习

髋部悬垂下蹲翻

阶段	教学要点
起始姿势	· 正握式锁握杠铃，双手位于双腿外侧。 · 杠铃位于髋关节下方。 · 站立，双脚分开与髋同宽，足尖朝前。 · 挺胸。 · 肩胛骨向后、向下拉。 · 目视前方。
下放	· 膝关节和髋关节微屈，让杠铃到达大腿中段。 · 胸部挺直，目视前方。
提铃	· 以跳跃的动作爆发式地伸展踝、膝和髋关节。 · 同时爆发式耸肩。 · 杠铃始终靠近身体。 · 保持肘部伸展。
接杠	· 在第二次提铃达到最高处时开始屈肘。 · 杠铃始终靠近身体。 · 重心下移直至肘关节转到杠铃下方。 · 以"前蹲"姿势在深蹲位接住杠铃。 · 重心转移到足跟。
起身	· 胸部主导。 · 伸展踝、膝和髋关节。 · 背部挺直。 · 直立时呼气。

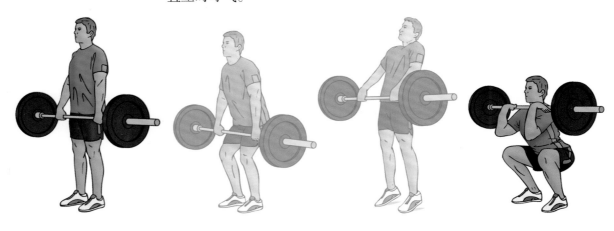

练习

下蹲抓

阶段	教学要点
起始姿势	· 双手握距，要保证抓握杠铃的位置在髋关节的屈曲位。 · 正握式锁握杠铃。 · 杠铃在足趾正上方。 · 杠铃靠近胫骨。 · 髋关节高于膝关节。 · 背部保持中立位。 · 挺胸。 · 肩胛骨向后、向下拉。 · 锁定肘关节。 · 目视前方。 · 重心位于前脚掌。
第一次提铃	· 吸气。 · 伸展膝关节。 · 背部保持挺直，挺胸。 · 始终保持躯干角度。 · 肘部始终伸展。 · 杠铃始终靠近胫骨。 · 第一次提铃结束后，杠铃刚好高于膝关节。
过渡	· 伸髋。 · 屈膝，将膝关节推向杠铃的前侧下方。 · 做好"准备起跳"的姿势，杠铃位于大腿中段高度。
第二次提铃	· 以跳跃的动作爆发式地伸展踝、膝和髋关节。 · 同时爆发式地耸肩。 · 杠铃始终靠近身体。 · 保持肘部伸展。
接杠	· 在第二次提铃达到最高处时开始屈肘。 · 杠铃始终靠近身体。 · 重心下移。 · 手臂伸直，向正上方推举杠铃。 · 以"过顶深蹲"的姿势，在深蹲位接住杠铃。 · 重心转移到足跟。

阶段	教学要点
起身	· 胸部主导。
	· 伸展踝、膝和髋关节。
	· 背部挺直。
	· 直立时呼气。

练习

悬垂下蹲抓

阶段	教学要点
起始姿势	· 正握式锁握杠铃。站立时双手握距，要保证抓握杠铃的位置在髋关节的屈曲位。
	· 肘关节朝外锁定。
	· 杠铃置于膝关节上方，靠近膝关节。
	· 站立，双脚分开与髋同宽，足尖向前。
	· 膝关节微屈。
	· 背部保持中立位。
	· 挺胸。
	· 肩胛骨向后、向下拉。
	· 目视前方。
过渡	· 收紧所有肌群，吸气。
	· 伸髋。
	· 屈膝，将膝关节推向杠铃的前侧下方。
	· 重心转移到前脚掌。
	· 做好"准备起跳"的姿势，杠铃位于大腿中段高度。

阶段	教学要点
提铃	· 以跳跃的动作爆发式地伸展踝、膝和髋关节。 · 同时爆发式地耸肩。 · 杠铃始终靠近身体。 · 肘部始终保持伸展。
接杠	· 在第二次提铃至最高位置时开始屈肘。 · 杠铃始终靠近身体。 · 将身体重心下移直至手臂伸直，向正上方推举杠铃。 · 以"过顶深蹲"的姿势，在深蹲位接住杠铃。 · 手臂完全伸直。 · 重心转移到足跟。
起身	· 胸部主导。 · 伸展踝、膝和髋关节。 · 背部挺直。 · 直立时呼气。

练习

悬垂拉

阶段	教学要点
起始姿势	· 正握式锁握杠铃。 · 杠铃置于膝关节上方，靠近膝关节。 · 站立，双脚分开与髋同宽，足尖朝前。 · 膝关节微屈。 · 背部保持中立位。 · 挺胸。 · 肩胛骨向后、向下拉。 · 目视前方。
过渡	· 吸气。 · 伸髋。 · 膝关节微屈，将膝关节推向杠铃的前侧下方。 · 重心转移到前脚掌。 · 做好"准备起跳"的姿势，杠铃位于大腿中段高度。
提铃	· 以跳跃的动作爆发式地伸展踝、膝和髋关节。 · 同时爆发式地耸肩。 · 杠铃始终靠近身体。 · 肘部始终伸展。
接杠	· 以直立姿势接杠。

发展爆发力的上肢推力练习

练习

卧推抛起

阶段	教学要点
起始姿势	· 伸直手臂。 · 双手距离略大于肩宽。
下放	· 下放杠铃，使杠铃轻触胸部或离胸部一拳距离。
抛起	· 伸展手臂，爆发式地向上推起杠铃。 · 在动作结束时松开杠铃，然后接住杠铃。

该练习需要使用史密斯器械进行，不能使用自由力量器械。

练习

爆发式俯卧撑

阶段	教学要点
起始姿势	· 从俯卧撑姿势开始，双手距离略大于肩宽。 · 踝、膝、髋和肩关节在一条直线上。 · 肩关节应当位于双手正上方。 · 头部保持中立位。
下降	· 屈肘，胸部朝地面下降，控制好身体，直至鼻子轻触地面。 · 踝、膝、髋和肩关节呈一条直线。
上升	· 爆发式地伸展手臂。 · 动作结束时整个身体离开地面。 · 落地后再次重复之前的动作。

练习

站姿推送杠铃

阶段	教学要点
起始姿势	· 以弓步姿势站立，一侧手臂伸展，准备接住杠铃。 · 同伴在练习者对侧双手抓握杠铃。
下降	· 同伴松开杠铃，让直立的杠铃朝练习者方向坠落。 · 练习者接住杠铃，屈膝，拉回手臂，吸收杠铃下落的力量，类似击拳前的准备动作。
推出	· 爆发式地将杠铃推送给同伴。 · 伸展腿部和手臂。

第2阶段

加速和最大速度专项训练	加速专项训练	最大速度专项训练
	爆发力	
挺举	蹲跳	实心球后抛
爆发式上台阶	实心球俯冲投掷	
自重／负重反向跳	实心球跳跃投掷和冲刺	
跳箱	立定跳远	
自重／负重反向分腿蹲跳	低手投掷实心球	
单一障碍跳		
	反应力量	
单腿跳	连续跳远	障碍反弹跳
连续反向跳		下落跳上跳箱
		单腿下落跳
		跨步跳
		直腿跳

发展爆发力的加速和最大速度专项训练

练习

挺举

阶段	教学要点
起始姿势	· 竖直站立，背部保持中立位。 · 正握式抓握杠铃。 · 三角肌前束支撑杠铃。 · 肘关节朝前。 · 双脚分开与髋同宽。 · 目视前方。
推动	· 屈曲踝、膝和髋关节，呈四分之一蹲姿势。 · 重心转移到前脚掌。 · 以跳跃的姿势迅速改变方向。 · 开始伸展手臂。 · 杠铃贴近脸颊。
接杠	· 最大程度伸展时，爆发式地分开双腿，呈弓步姿势。 · 同时，继续伸展手臂，直到完全伸直。 · 杠铃在头部正上方。 · 前脚掌贴在地面上。 · 重心移到足跟上。 · 目视前方。
起身	· 收回前脚，使前脚回到中心线。 · 收回后脚至中心线。 · 双脚分开与肩同宽，手臂在头顶上方伸直。

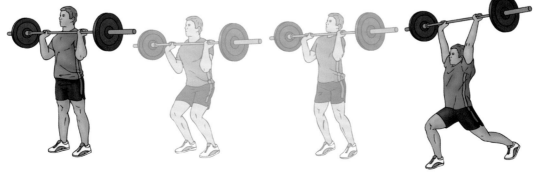

练习

爆发式上台阶

阶段	教学要点
起始姿势	· 一侧脚完全放在台阶（或跳箱）上，大腿与地面平行。 · 始终挺胸。 · 肩胛骨下沉。 · 双手置于髋部两侧。
跳跃	· 爆发式地伸展髋关节以及放在台阶上的膝关节，将身体蹬推至空中。

负重爆发式上台阶如下方左侧图所示。

练习

自重／负重反向跳

阶段	教学要点
起始姿势	· 站立，双脚分开与髋同宽。 · 杠铃置于上背部。
下蹲	· 迅速下降至四分之一蹲姿势。
起跳	· 迅速爆发式地跳跃到空中。
落地	· 轻轻落地，重心位于双脚中间。

负重反向跳与自重反向跳采用相同的方式进行，但如下图所示加上负重。

练习

跳箱

阶段	教学要点
下蹲	· 面对跳箱站立。 · 迅速下蹲至深蹲姿势。 · 手臂挥到身体后方。
起跳	· 迅速向前挥动手臂并爆发式地跳跃。
落地	· 两脚落到跳箱上。

也可单腿跳跃至较低的跳箱上。

练习

自重/负重反向分腿蹲跳

阶段	教学要点
起始姿势	· 站立，双脚前后分开与髋同宽。 · 双手置于髋部两侧。
下降	· 迅速下降至四分之一前后分腿蹲姿势。 · 双手始终置于髋部两侧。
跳跃	· 爆发式地跳至空中。 · 双手始终置于髋部两侧。
落地	· 轻轻落地，重心在双脚中间。

负重反向分腿蹲跳采用相同的方式进行，但是肩背部要加上负重，如下图所示。

练习
单一障碍跳

阶段	教学要点
起始姿势	・竖直站立，踝、膝、髋关节与肩关节对齐。 ・背部挺直。 ・手臂抬到胸部高度，位于身前。
反向运动	・下蹲至四分之一蹲姿势。 ・膝关节位于脚趾正上方。 ・手臂向下摆动到身体两侧。 ・背部保持挺直。 ・头部处于中立位。
起跳	・迅速伸展踝、膝和髋关节。 ・手臂向上摆动。 ・踝、膝、髋关节和肩关节对齐。 ・背部保持中立位。
腾空	・膝关节向胸部移动。 ・脚趾向胫骨移动。 ・背部保持中立位。
落地	・伸展踝、膝和髋关节，前脚掌着地。 ・下蹲至四分之一蹲姿势。 ・脊柱保持中立位。

发展爆发力的加速专项训练

练习
蹲跳

阶段	教学要点
下蹲	· 竖直站立，两脚分开与髋同宽。 · 双手置于髋部两侧。 · 下蹲到四分之一蹲姿势，然后保持此姿势3秒。
跳跃	· 爆发式地跳跃至空中，不要进行反向运动。 · 双手始终置于髋部两侧。 · 轻轻落地，重心在两脚中间。

负重蹲跳采用相同的方式进行，但是肩背部要加上负重，如下图所示。

练习

实心球俯冲投掷

阶段	教学要点
起始姿势	· 竖直站立，身体前方放置缓冲垫。 · 身体保持一条直线。 · 双脚分开与髋同宽。 · 膝关节放松，不要紧绷。 · 胸前持实心球。 · 背部保持中立位。 · 目视前方。
反向动作	· 下蹲至四分之一蹲姿势。 · 重心移到前脚掌。 · 前脚掌着地。 · 目视前方。 · 背部保持中立位。 · 实心球靠近胸部。
抛掷	· 爆发式地伸展踝、膝和髋关节。 · 继续进入跳跃姿势。 · 同时伸展手臂，跳跃后抛掷实心球。 · 身体保持一条直线。 · 目视前方。
落地	· 保持伸展动作。 · 抬头。 · 手部率先触地，其他身体部位随后落地。

练习

实心球跳跃投掷和冲刺

阶段	教学要点
起始姿势	· 竖直站立，身体保持一条直线。 · 双脚分开与髋同宽。 · 膝关节放松，不要紧绷。 · 胸前持实心球。 · 目视前方。
反向动作	· 下蹲至四分之一蹲姿势。 · 重心移到前脚掌。 · 背部保持中立位。 · 目视前方。
抛掷	· 爆发式地伸展踝、膝和髋关节。 · 呈跳跃姿势。 · 同时伸展手臂，在跳跃的同时推掷实心球。 · 身体保持一条直线。
落地	· 单腿着地。 · 前脚掌着地，足跟离地。 · 屈曲踝、膝和髋关节。 · 膝关节不要超过足尖。 · 背部保持中立位。 · 目视前方。
冲刺	· 落地后，立即冲向实心球。

练习

立定跳远

阶段	教学要点

起始姿势

- 竖直站立。
- 双脚分开与髋同宽。
- 背部挺直。
- 目视前方。
- 抬起手臂使肘关节与肩关节同高；屈肘，使手靠近头部。

起跳

- 屈曲踝、膝和髋关节。
- 同时向下、向后挥动手臂。
- 重心移到前脚掌。
- 迅速通过伸展踝、膝和髋关节改变方向。
- 重心前移。
- 同时向前、向上摆动手臂。
- 背部保持中立位。

落地

- 全脚掌着地。
- 屈曲踝、膝和髋关节。
- 确保膝关节不超过足尖。
- 背部挺直。
- 目视前方。

返回

- 伸展踝、膝和髋关节，站立。
- 手臂在身体两侧下落。

练习

低手投掷实心球

阶段	教学要点
起始姿势	· 站立，双脚分开与髋同宽。 · 身前持实心球。
下蹲	· 迅速将实心球下摆至两腿中间。 · 屈曲髋关节和膝关节。
跳跃和抛掷	· 立即跳跃并向前抛掷实心球。 · 爆发式地伸展髋、膝和踝关节。

发展爆发力的最大速度专项训练

练习

实心球后抛

阶段	教学要点
起始姿势	· 竖直站立，身体保持一条直线。 · 站立，双脚分开与髋同宽。 · 实心球抱在胸前，但不要靠近身体。 · 脊柱保持中立位。 · 目视前方。
反向运动	· 下蹲至四分之一蹲姿势。 · 膝关节不要超过足尖。 · 同时伸展手臂，手臂向下移动到两腿中间。 · 脊柱保持中立位。 · 目视前方。
抛掷	· 迅速通过伸展踝、膝和髋关节改变方向。 · 继续呈跳跃姿势。 · 同时迅速向后挥动手臂，实心球至头顶时松手。 · 背部用力伸展。
落地	· 前脚掌率先着地，随后足跟触地。 · 屈曲踝、膝和髋关节。

发展反应力量的加速和最大速度专项训练

练习
单腿跳

教学要点
· 慢跑三四步后，单腿起跳并落地。

· 尽量跳出最大高度和最远距离。
· 起跳腿的足跟抬向大腿。
· 起跳腿的膝关节向前摆动，准备再次触地。

· 起跳腿着地。
· 脚部绷直落地，前脚掌而非足尖先触地。
· 确保最短的触地时间，并在接下来的跳跃中尽量跳出最大高度和最远距离。

· 持续重复动作，直到完成预期次数。

练习
连续反向跳

教学要点
· 站立，双脚分开与髋同宽。
· 双手置于髋部两侧。

· 迅速下蹲至四分之一蹲姿势。
· 双手始终放在髋部两侧。

· 爆发式地跳跃至空中。
· 双手始终放在髋部两侧。

· 落地时通过屈膝、屈髋，缓冲反作用力。
· 立即再次跳向空中。
· 确保最短的触地时间，但要尽量保证最大的跳跃高度。

发展反应力量的加速专项训练

练习

连续跳远

教学要点

· 从站姿开始，手臂向后摆动。
· 同时屈髋、屈膝，准备向前跳跃。

· 爆发式地向前摆臂的同时，伸展膝关节。
· 尽量跳跃最远的距离。

· 采用双脚落地。
· 脚部绷直落地，用前脚掌而非足尖先触地
　（足跟着地后，为下一次跳跃做准备）。
· 尽量减少触地时间，保证最远的距离。

· 持续重复动作，直到完成预期次数。

发展反应力量的最大速度专项训练

练习
障碍反弹跳

阶段	教学要点
起始姿势	· 竖直站立，踝、膝、髋关节和肩关节对齐。 · 背部挺直。 · 手臂抬到胸前，置于身体前方。
反向运动	· 下蹲至四分之一蹲姿势。 · 膝关节在足尖上方。 · 手臂在身体两侧下摆。 · 背部挺直。 · 头部保持中立位。
起跳	· 迅速伸展踝、膝和髋关节。 · 手臂上摆。 · 踝、膝、髋关节和肩关节对齐。 · 背部保持中立位。
跳跃	· 膝关节向胸部移动。 · 足趾向胫骨移动。 · 背部保持中立位。
落地和起跳	· 伸展踝、膝和髋关节，前脚掌着地。 · 落地时，下蹲至四分之一蹲姿势。 · 立即起跳，重复跳跃动作。

练习

下落跳上跳箱

教学要点

· 站在跳箱（或同等高度的平台）边缘，手臂位于身体前方。
· 一条腿向前迈出跳箱，然后双脚落地。
· 脚部绷直落地，前脚掌触地，足跟微微离地。
· 落地时手臂向后摆动。
· 膝关节和髋关节微屈。
· 确保最短的触地时间，然后爆发式地跳上前方跳箱。

练习

单腿下落跳

教学要点

· 站在跳箱或（或同等高度的平台）边缘，手臂位于身体前方。
· 一条腿向前迈出跳箱，然后单脚落地。
· 脚部绷直落地，前脚掌触地，足跟微微离地。
· 落地时手臂向后摆动。
· 膝关节和髋关节微屈。
· 确保最短的触地时间，然后爆发式地单脚蹬地起跳。
· 双脚落地。

练习

跨步跳

教学要点

- 慢跑几步后，右腿蹬离地面，空中腾跃。
- 左膝向前抬高。
- 左脚落地前，尽量跳跃至最大的高度和最远的距离。

- 落地后立即左脚蹬地，右膝向前抬高。
- 重复动作，直到完成预期次数。

练习

直腿跳

教学要点

- 双脚反复"弹跳"。
- 前脚掌触地。
- 腾空时，足尖抬向胫骨。
- 确保最短的触地时间。
- 髋关节和膝关节保持自然位置。
- 背部保持挺直。
- 目视前方。

第3阶段

加速专项训练	**最大速度专项训练**
雪橇冲刺跑	冲刺跨步跳 负重背心冲刺跑

加速专项训练

练习
雪橇冲刺跑

教学要点
在雪橇冲刺跑过程中，运动员应该像平时短跑
（无负重）一样加速冲刺。

最大速度专项训练

练习

冲刺跨步跳

教学要点

冲刺跨步跳本质上是短跑和跳跃的交叉运动，是一种夸张的短跑动作。冲刺跨步跳具有比跨步跳更快的步频，跑动时的腾空高度比短跑时更高。

练习

负重背心冲刺跑

教学要点

运动员在穿着负重背心的情况下进行最快速度的短跑。

躯干训练

屈曲稳定性训练（简单）

练习

平板支撑

阶段	教学要点
起始姿势	· 俯卧，面部朝下。 · 前臂置于地面。 · 肘关节在肩关节正下方。 · 头部位于中立位。
上升	· 吸气后屏住呼吸。 · 收紧腹部。 · 躯干离地，从头到脚呈一条直线。
姿势	· 保持头、肩、髋、膝和踝在一条直线上。 · 收紧腹部。 · 头部位于中立位。 · 自然呼吸。

练习

平板侧撑

阶段	教学要点
起始姿势	· 侧卧于地面，前臂支撑上半身。 · 肘关节在肩关节正下方。 · 双腿上下并拢叠放。 · 非支撑侧手臂置于髋部。
上升	· 吸气后屏住呼吸。 · 收紧腹部和臀部。 · 髋关节离地。
姿势	· 头、肩、髋、膝和踝关节呈一条直线。 · 肘关节在肩关节正下方。 · 腕关节与肘关节对齐。 · 收紧腹部和臀部。 · 头部位于中立位。 · 背部位于中立位。

练习

瑞士球平板支撑

阶段	教学要点
起始姿势	· 跪于地面，瑞士球位于身体前方。 · 前臂置于瑞士球上部。 · 头部位于中立位。 · 脊柱保持中立位。
上升	· 依次向后伸展双膝。 · 微微向前靠，肩关节和肘关节对齐。 · 腹部收紧。
姿势	· 保持头、肩、髋、膝和踝呈一条直线。 · 背部挺直。 · 肘关节在肩关节正下方。 · 收紧腹部。 · 头部位于中立位。 · 自然呼吸。

屈曲稳定性训练（适中）

练习
俯卧撑平板转体

阶段	教学要点
起始姿势	· 双脚分开与髋同宽。 · 踝、膝、髋和肩关节对齐。 · 两手分开与肩同宽，肘关节和腕关节对齐。 · 手掌贴于地面，手指指向前方。 · 头部处于中立位。 · 收紧腹部。
运动	· 转动髋和肩，一侧手离地。 · 双脚不要离地。 · 伸直手臂，腕、肘、肩和背部对齐。 · 头部处于中立位。 · 转体回到起始姿势，换另一只手臂重复动作。

练习
单腿平板支撑

阶段	教学要点
起始姿势	· 俯卧，面部朝下。 · 前臂贴地。 · 肘关节在肩关节正下方。 · 头部位于中立位。
上升	· 吸气，屏住呼吸。 · 收紧腹部。 · 躯干离地，从头至脚呈一条直线。
姿势	· 一侧腿离地。 · 髋关节保持中立位（不倾斜）。 · 收紧腹部。 · 背部保持中立位。 · 头部处于中立位。 · 自然呼吸。

练习
单臂平板支撑

阶段	教学要点
起始姿势	· 俯卧，面部朝下。 · 前臂贴地。 · 肘关节在肩关节正下方。 · 头部处于中立位。
上升	· 吸气，屏住呼吸。 · 收紧腹部。 · 躯干离地，从头到脚呈一条直线。
姿势	· 一只手臂离地。 · 伸展离地侧的肘关节。 · 手臂和肩膀高度一致。 · 肩关节和髋关节保持中立位（不倾斜）。 · 保持头、肩、髋、膝和踝呈一条直线。 · 收紧腹部。 · 背部保持中立位。 · 头部处于中立位。 · 自然呼吸。

练习

改良版俯卧侧平举

阶段	教学要点
起始姿势	· 双脚放在台子上，使踝、髋、肩和头保持一条直线，手臂伸直。 · 手掌贴地，手指指向前方。 · 手臂在肩关节正下方。 · 肩、肘和腕关节对齐。 · 头部处于中立位。 · 背部挺直。 · 收紧腹部。
运动	· 做划船动作，屈曲肘关节。 · 肘关节朝向天花板。 · 伸展肘关节，手掌落回地面。 · 换另一只手重复动作。 · 腹部始终收紧。 · 头、肩、髋、膝和踝保持一条直线。 · 躯干尽量不要摇晃。 · 控制好身体。

屈曲稳定性训练（困难）

练习

哑铃俯卧侧平举

阶段	教学要点
起始姿势	·双脚放在台子上，使踝、髋、肩和头呈一条直线，手臂伸直。 ·双手握住哑铃，哑铃置于地面。 ·手臂在肩关节正下方。 ·肩、肘和腕关节对齐。 ·头部处于中立位。 ·背部挺直。 ·收紧腹部。
运动	·做划船动作，屈曲肘关节，将哑铃上提至身体侧方。 ·肘关节朝向天花板。 ·伸展肘关节，哑铃落回地面。 ·换另一只手臂重复动作。 ·腹部保持收紧。 ·保持头、肩、髋、膝和踝呈一条直线。 ·躯干尽量不要摇晃。 ·控制好身体。

练习

俯卧前进

阶段	教学要点
起始姿势	· 站立，双脚分开与髋同宽。 · 踝、膝、髋和肩关节对齐。 · 双手分开与肩同宽，肩、肘和腕关节对齐。 · 手掌贴地，手指指向前方。 · 头部处于中立位。 · 收紧腹部。
前进	· 双手向前"走"，远离身体。 · 重复动作，直到手"走"到最远距离，身体始终保持一条直线。 · 身体从头到脚保持一条直线。
结束动作	· 收紧腹部。 · 踝、膝、髋和肩关节对齐。 · 头部处于中立位。 · 背部保持中立位。
返回	· 双手"走"回起始位置。 · 身体始终呈一条直线。 · 背部保持中立位。

练习

单臂单腿平板支撑

阶段	教学要点
起始姿势	· 俯卧，面部朝下。
	· 前臂贴地。
	· 肘关节在肩关节正下方。
	· 头部处于中立位。
上升	· 吸气，屏住呼吸。
	· 收紧腹部。
	· 躯干离地，身体从头到脚保持一条直线。
姿势	· 同时将一条腿和其对侧的手臂抬起。
	· 肩关节和髋关节保持中立位（不倾斜）。
	· 收紧腹部。
	· 背部保持中立位。
	· 头部处于中立位。
	· 自然呼吸。

屈曲力量和功率训练（简单）

练习

仰卧抬腿1式

阶段	教学要点
起始姿势	· 仰卧，屈膝，双脚贴地。 · 双脚分开与髋同宽。 · 头部处于中立位（看向天花板）。 · 双手放在下背部（在肚脐正下方）。 · 收紧腹部，倾斜骨盆，使下背部压向双手。 · 在整个动作过程中始终保持下背部对手的压力。
运动	· 屈曲一侧髋关节，使该侧膝关节向胸部移动。 · 保持屈髋侧膝关节的角度。 · 另一只脚保持贴地。 · 伸展屈曲的髋关节，使该侧膝关节远离胸部，脚回到地面。 · 换另一侧腿重复动作。

练习

仰卧抬腿2式

阶段	教学要点
起始姿势	· 仰卧，屈膝，双脚停留在空中。 · 足尖指向天花板。 · 头部处于中立位（看向天花板）。 · 双手放在下背部（在肚脐正下方）。 · 收紧腹部，倾斜骨盆，使下背部压向双手。 · 在整个动作过程中始终保持下背部对手的压力。
运动	· 伸展一侧髋关节，使该侧脚向地面移动。 · 保持屈髋侧膝关节的角度。 · 保持下背部对手的压力。 · 另一条腿保持起始姿势。 · 继续伸展该侧髋关节，下放腿部，直至脚落到地面上。 · 屈曲该侧髋关节，将腿部抬至起始姿势。 · 换另一侧腿重复动作。

练习

瑞士球卷腹

阶段	教学要点

阶段

起始姿势

教学要点

· 仰卧在瑞士球上，由瑞士球支撑背部。

· 头部放松，自然后仰。

· 双手放于太阳穴处。

· 双脚分开，与髋同宽。

· 双脚贴地。

上升

· 吸气。

· 收紧腹部，上背部和肩膀抬起，离开瑞士球。

· 屈曲躯干。

· 头部处于中立位。

· 球的位置不变。

练习

瑞士球卷腹抛掷实心球

阶段	教学要点
起始姿势	· 仰卧在瑞士球上，由瑞士球支撑背部。 · 肩部不接触瑞士球。 · 在髋部上方双手持实心球，举于头部上方。 · 收紧腹部、臀部和双腿，以保持此姿势。 · 头部处于中立位。 · 双脚分开与髋同宽，双脚贴地。
反向运动	· 吸气。 · 伸展背部和肩部，肩部接触瑞士球，实心球越过头部朝向地面。 · 重心后移。 · 下背部仍然接触球面。
抛掷	· 上背部抬起，离开瑞士球。 · 同时抛掷实心球。 · 在胸部上方松开实心球。 · 下背部始终接触瑞士球。 · 抛掷实心球时呼气。

练习
瑞士球滚腹

阶段	教学要点
起始姿势	・跪于地面，瑞士球位于身前。 ・双手交握，手和手腕的下侧靠在瑞士球顶部。 ・头部处于中立位。 ・脊柱保持中立位。 ・保持头、肩和髋呈一条直线。
向前滚动	・收紧腹部。 ・伸展膝关节。 ・伸展肩和肘，让手臂贴着球向前，球也向前滚。 ・保持头、肩、背、髋和膝呈一条直线。 ・伸展距离越远越好，同时保持好姿势。
向后滚动	・屈曲膝、肩和肘关节，使球滚向身体。 ・身体保持一条直线。 ・背部保持中立位。 ・回到起始姿势。

屈曲力量和功率训练（适中）

练习

仰卧抬腿3式

阶段	教学要点
起始姿势	· 仰卧，屈膝，双脚从悬空位开始。
	· 足尖指向天花板。
	· 头部处于中立位（看向天花板）。
	· 双手放在下背部下面（在肚脐正下方）。
	· 收紧腹部，倾斜骨盆，使下背部压向双手。
	· 在整个动作过程中始终保持下背部对手的压力。
运动	· 伸展髋关节，双脚向地面移动。
	· 保持膝关节和踝关节的角度。
	· 保持下背部对手的压力。
	· 双腿、双脚并拢。
	· 双腿继续下降，直到双脚接触地面。
	· 弯曲髋关节，双腿回到起始姿势。

练习

V字卷腹

阶段	教学要点
起始姿势	· 仰卧。 · 伸展肘、肩、髋和膝关节。 · 双臂与肩同宽。 · 前臂和手掌朝向天花板。 · 头部位于中立位（看向天花板）。 · 足尖朝向天花板。
上升	· 收紧腹部。 · 吸气。 · 抬腿的同时背部离地，双脚向肩膀靠拢，上半身向双脚靠拢。 · 肩关节屈曲，手臂向上抬过头顶。 · 背部保持挺直。 · 双腿、双脚并拢。 · 肘关节和膝关节保持伸直。 · 头部保持中立位。
上升后的姿势	· 上肢与下肢对称。 · 背部挺直。 · 手臂向前，向足尖方向伸直。 · 头部处于中立位。
下降	· 双腿和背部同时下降。 · 伸展肩关节，手臂向地面移动，放在头部两侧。 · 回到起始姿势。 · 呼气。

屈曲力量和功率训练（困难）

练习
实心球V字卷腹

阶段	教学要点
起始姿势	· 仰卧。 · 伸展肘、肩、髋和膝关节。 · 双臂与肩同宽。 · 实心球和头顶在一条直线上。 · 头部处于中立位（看向天花板）。 · 足尖指向天花板。
上升	· 收紧腹部。 · 吸气。 · 抬腿的同时背部离地，双脚向肩膀靠拢，上半身向双脚靠拢。 · 肩关节屈曲，将实心球抬高到超过头顶。 · 双腿、双脚并拢。 · 肘关节和膝关节保持伸直。
上升后的姿势	· 上肢和下肢对称。 · 实心球触碰双脚。
下降	· 双腿和背部同时下降。 · 伸展肩关节，手臂向地面移动，实心球超过头顶。 · 回到起始姿势。 · 呼气。

练习

悬垂抬腿

阶段	教学要点
起始姿势	・伸直肩关节和肘关节，双手在头部上方握杠。 ・双手与肩同宽，正握式抓握横杠。 ・踝、膝、髋、肩和头保持一条直线。 ・背部挺直。 ・头部处于中立位。 ・悬挂在横杠上。
上升	・收紧腹部。 ・屈髋，双腿抬向身前。 ・双腿伸直，并拢。 ・保持上半身姿势，避免"摇晃"身体。 ・手臂始终伸直。 ・双腿尽量抬高，同时保持身体挺直。
下降	・伸展髋关节，双腿下降至中立位。 ・身体保持一条直线。 ・回到悬挂姿势。

练习

仰卧抬腿4式

阶段	教学要点
起始姿势	· 仰卧，屈髋，呈90°角。 · 伸展膝关节。 · 头部处于中立位（看向天花板）。 · 双手放在下背部（在肚脐正下方）。 · 收紧腹部，倾斜骨盆，使下背部压向双手。 · 在整个动作过程中始终保持下背部对双手的压力。
运动	· 伸展髋关节，双脚向地面移动。 · 始终伸直双腿。 · 保持下背部对双手的压力。 · 双腿、双脚并拢。 · 继续向下移动双腿，直到脚后跟碰到地面。 · 屈髋，双腿回到起始姿势，同时保持下背部对双手的压力。

转体力量和功率训练（简单）

练习

瑞士球俄罗斯转体

阶段	教学要点
起始姿势	· 仰卧在球面上，球面支撑头、肩和上背部。 · 收紧腹部和下背部。 · 背部保持挺直。 · 保持头、肩、髋和膝呈一条直线。 · 双脚分开与髋同宽。 · 伸直肘关节，双手手掌并拢，位于胸部上方。
运动	· 肩部带动身体转向一侧。 · 只有一侧的肩和上背部贴在瑞士球上。 · 头部处于中立位。 · 双脚贴地。 · 肩部带动身体转向另一侧。

练习

实心球下劈

阶段	教学要点
起始姿势	· 站立，双脚分开略宽于肩。 · 足尖、膝关节和髋关节朝前。 · 重心移向拿球的一侧。 · 躯干转体时，球移动到膝关节前侧上方。 · 伸直手臂。 · 目视前方。
运动	· 转动躯干，球向上移动到身体另一侧。 · 重心移到另一侧腿上。 · 实心球高于头部。 · 手臂保持伸直。 · 背部挺直。
复原	· 转动躯干，回到起始位置，球向下移动到身体另一侧。 · 重心移到另一侧腿上。

练习

无轨迹绳索上拉

阶段	教学要点

阶段

起始姿势

运动

复原

教学要点

起始姿势
- 抓住绳柄，使绳柄微微高于膝关节，位于身前。
- 双脚分开略宽于肩。
- 足尖稍微朝外。
- 重心移到抓绳柄的一侧。
- 双手抓绳柄，手臂伸直。
- 目视前方。

运动
- 转动肩关节和躯干，向上将绳柄拉到身体另一侧。
- 重心移到另一侧腿上。
- 将绳柄拉到高于头部的位置。
- 手臂始终保持伸直。
- 背部挺直。

复原
- 转动肩关节、躯干和髋关节，回到起始位置。
- 重心移回最靠近绳柄的另一侧腿上。

练习

无轨迹绳索下劈

阶段	教学要点
起始姿势	· 抓住绳柄，使绳柄高于肩关节，位于身前。
	· 双脚距离略宽于肩。
	· 足尖稍微朝外。
	· 重心移到抓绳柄的一侧。
	· 双手抓握绳柄。
	· 目视前方。
运动	· 转动肩关节和躯干，向下将绳柄拉到身体另一侧。
	· 重心移到另一侧腿上。
	· 将绳柄拉至高于膝关节的位置。
	· 手臂始终保持伸直。
	· 背部挺直。
复原	· 转动肩关节、躯干和髋关节，回到起始位置。
	· 重心移回最靠近绳柄的另一侧腿上。

练习
实心球坐姿转体

阶段	教学要点
起始姿势	· 坐姿，膝关节微屈，脚后跟接触地面。 · 髋关节微微向后倾斜。 · 背部挺直。 · 头部处于中立位。 · 双手持实心球位于膝盖上方。
运动	· 向一侧转动躯干，使实心球向同侧的地面移动。 · 实心球触碰地面。 · 背部保持挺直。 · 目视前方。 · 臀部和脚后跟贴地。 · 髋、膝和踝关节保持起始姿势。 · 躯干转动到另一侧。

转体力量和功率训练（适中）

练习

实心球瑞士球俄罗斯转体

阶段	教学要点
起始姿势	· 仰卧在瑞士球上，瑞士球支撑头、肩和上背部。
	· 收紧腹部。
	· 背部保持挺直。
	· 头、肩、髋和膝保持一条直线。
	· 双脚分开与髋同宽。
	· 伸直肘关节，实心球持于胸部上方。
运动	· 肩部带动身体转向一侧。
	· 双脚贴地。
	· 头部处于中立位。
	· 只有一侧的肩和上背部接触瑞士球。
	· 肩部带动身体转向另一侧。

练习

实心球爆发式下劈

阶段	教学要点
起始姿势	· 站立，双脚分开与肩同宽。 · 足尖朝前。 · 在髋关节高度持实心球，置于肚脐一侧。 · 目视前方。
反向运动	· 转动躯干、肩和髋，将实心球向上移动到身体另一侧。 · 重心移到有实心球的身体一侧。 · 实心球最终高于头部，与肩关节在一条直线上。
投掷	· 转动躯干、肩和髋，将实心球向下移动到身体另一侧。 · 重心移到身体另一侧。 · 伸直肘关节投掷实心球，使实心球在身前落地时和膝关节在一条直线上。 · 反向运动与投掷动作应流畅地、爆发式地完成。

练习

实心球爆发式上抛

阶段	教学要点
起始姿势	· 站立，双脚分开与肩同宽。 · 足尖朝前。 · 双手持实心球至肩关节高度，与一侧肩关节平齐。 · 目视前方。
反向运动	· 转动躯干、肩和髋，将实心球向下移动到身体另一侧。 · 重心移到有实心球的身体一侧。 · 实心球最终位于膝关节和髋关节中间。 · 足尖、膝、髋、肩和头保持一条直线。
投掷	· 转动躯干、肩关节和髋关节，将实心球向上移动到身体另一侧。 · 重心移到身体另一侧。 · 伸直肘关节投掷实心球，当实心球与肩关节对齐并高于头部时松开实心球。 · 反向运动与投掷动作应流畅地、爆发式地完成。

转体力量和功率训练（困难）

练习

杠铃俄罗斯转体

阶段	教学要点
起始姿势	· 站立，双脚分开与肩同宽。 · 足尖朝前。 · 重心均匀分布。 · 在头部高度抓握杠铃，两只手一上一下放置。 · 手臂伸直。 · 站立于可以使杠铃微微向身体倾斜的位置。 · 收紧腹部。 · 背部挺直。
向右转体	· 转动肩关节、躯干、髋关节、膝关节和踝关节，使杠铃向身体一侧下方移动。 · 减速，腹部保持收紧。 · 重心移动到杠铃所在身体一侧。 · 手臂始终伸直。 · 屈膝。 · 头部处于中立位。 · 背部挺直。
向左转体	· 爆发式地向另一侧转体。 · 连续从一侧向另一侧转体，不要中断，直到完成预期次数。

练习

实心球壁面回弹转体

阶段	教学要点
起始姿势	· 在距离墙体约1米的位置，侧对墙壁站立。 · 双脚分开与肩同宽。 · 足尖朝前。 · 在胸部高度手持实心球。 · 屈膝。 · 身体保持一条直线。
反向运动	· 朝远离墙体的方向转动躯干。 · 实心球向距离墙体较远的身体一侧下方移动。 · 屈膝。 · 重心随之移动到距离墙体较远的身体一侧。
抛掷	· 向墙体转动身体。 · 伸展膝关节。 · 重心随之移动到靠近墙体的身体一侧。 · 实心球从身体前部向上移动，然后将实心球抛向墙体。
接球和返回	· 回到起始姿势。 · 接住反弹回来的实心球。 · 立刻再次进行反向运动和抛掷动作。 · 整个过程不要停顿，重复动作直到完成预期次数。

伸展稳定性和力量训练（简单）

练习
俯卧平板

阶段	教学要点
起始姿势	· 俯卧在长凳上，凳子的边缘在髋关节屈曲的位置。 · 双手撑地，与肩同宽。 · 踝、膝、髋和肩关节呈一条直线。 · 头部处于中立位（看向地面）。
开始	· 同伴按压住练习者的双腿，或借助其他工具固定住练习者的双脚。 · 练习者收紧下背部和腹部。 · 双手离地，在胸前交叉。 · 踝、膝、髋和肩在一条直线上。 · 背部保持中立位。 · 头部处于中立位。 · 保持此姿势一段时间。
下降	· 双手放回地面。

练习
俯卧挺身

阶段	教学要点
起始姿势	· 俯卧。 · 双脚、膝、髋、肩和头保持一条直线。 · 面向地面。 · 双手置于太阳穴处。 · 足尖接触地面。
抬起	· 挺背，使头部、肩和胸部离地。 · 髋关节始终接触地面。 · 足尖始终接触地面。 · 头部处于中立位。
落下	· 胸部和肩落回地面。 · 身体保持一条直线。

伸展稳定性和力量训练（适中）

练习

瑞士球俯卧挺身

阶段	教学要点
起始姿势	· 俯卧，瑞士球位于髋关节下方。
	· 双脚蹬墙。
	· 双脚分开与髋同宽。
	· 膝关节微屈。
	· 上半身沿着瑞士球的曲面屈曲。
	· 头部处于中立位。
	· 双手放于太阳穴。
抬起	· 绷紧下背部。
	· 伸展背部，使头部、肩和胸部离开瑞士球。
	· 髋关节始终接触球面。
	· 足尖始终接触墙面。
	· 踝、膝、髋和肩在一条直线上。
	· 头部处于中立位。
	· 瑞士球位置不变。
落下	· 腹部、胸部和肩朝地面下降。
	· 身体保持一条直线。
	· 身体沿着球的曲面屈曲，返回起始姿势。

练习

俯卧挺身抱实心球

阶段	教学要点
起始姿势	· 俯卧在长凳上，凳子的边缘在髋关节屈曲的位置。 · 双手撑地与肩同宽。 · 实心球置于手臂之间。 · 踝、膝、髋和肩呈一条直线。 · 头部处于中立位（看向地面）。
上升	· 同伴按压住练习者的双腿，或借助其他工具固定住练习者的双脚。 · 练习者收紧下背部和腹部。 · 拿起实心球，抱于胸前。 · 踝、膝、髋和肩呈一条直线。 · 头部处于中立位。
下放	· 松开实心球，双手放回地面。

伸展稳定性和力量训练（困难）

练习
罗马尼亚硬拉

阶段	教学要点
起始姿势	・站立，双脚分开与髋同宽，足尖朝前。 ・将肩胛骨向后、向下拉。 ・挺胸。 ・背部挺直。 ・抬头（目视前方）。 ・双手正握式抓握杠铃，双手间距大于双腿间距。 ・重心均匀分布。
下降	・膝关节微屈，在整个下降过程中始终保持此屈曲角度。 ・屈髋，将杠铃带向地面。 ・下背部保持中立位（前屈曲线）。
姿势	・下背部保持中立位。 ・抬头（目视前方）。 ・屈髋。 ・膝关节微屈。 ・胸部和肩部高于杠铃。 ・手臂伸直。 ・保持该姿势。
上升	・伸展髋关节和膝关节。 ・下背部保持中立位（挺直）。 ・回到起始姿势。

练习

负重俯卧平板

阶段	教学要点
起始姿势	· 俯卧在长凳上，凳子的边缘在髋关节屈曲的位置。 · 踝、膝、髋和肩呈一条直线。 · 头部处于中立位（看向地面）。
姿势	· 同伴按压住练习者的双腿。 · 练习者收紧下背部和腹部。 · 拿起杠铃盘，抱于胸前。 · 踝、膝、髋和肩呈一条直线。 · 头部处于中立位。 · 保持一段时间。
下降	· 放下杠铃盘，双手放回地面。

如果没有杠铃盘，可如下图所示，双手交叉，抱于胸前，以同样的动作要点训练。

臀部激活和力量训练（简单）

练习

俯卧抬腿

阶段	教学要点
起始姿势	· 俯卧。 · 踝、膝、髋、肩和头保持一条直线。 · 面向地面。 · 双手叠起。 · 额头置于双手上方。 · 足尖接触地面。

阶段	教学要点
上升	· 收紧下背部和腹部。 · 双腿离地。 · 双腿始终伸直。 · 髋关节始终接触地面。
下降	· 双腿回到地面。

练习

自重单腿罗马尼亚硬拉

阶段	教学要点
起始姿势	· 站立，双脚分开与髋同宽，足尖朝前。 · 将肩胛骨向后、向下拉。 · 挺胸。 · 背部挺直。 · 抬头（目视前方）。

阶段	教学要点
下降	· 一只手放在另一只手上。 · 膝关节微屈。 · 支撑腿在整个下降过程中都保持该屈曲角度。 · 屈髋，一侧腿在身后抬起。 · 下背部保持中立位（正常的前屈曲线）。

练习

单腿抬臀

阶段	教学要点
起始姿势	· 仰卧。 · 屈膝，一只脚贴地。 · 双脚分开与髋同宽。 · 双臂置于身体两侧。 · 头部处于中立位（向上看）。 · 一条腿伸向空中，膝关节伸直。
上升	· 收紧臀部。 · 抬高髋关节，下背部离地。 · 肩关节和髋关节对齐。 · 背部挺直。 · 支撑腿保持起始姿势。
下降	· 下背部和臀部回到地面。 · 一侧腿不落下，仍伸向空中。

臀部激活和力量训练（适中）

练习

实心球单腿罗马尼亚硬拉

阶段	教学要点
起始姿势	· 站立，双脚分开与髋同宽，足尖朝前。 · 将肩胛骨向后、向下拉。 · 在髋关节高度，体前手持实心球。 · 挺胸。 · 背部挺直。 · 抬头（目视前方）。
下降	· 膝关节微屈，支撑腿在整个下降过程中都保持此屈曲角度。 · 屈髋，另一条腿在身后抬起。 · 实心球向地面移动。 · 下背部保持中立位（前屈曲线）。
姿势	· 下背部保持中立位。 · 抬头（目视前方）。 · 屈髋。 · 膝关节微屈。 · 肘关节伸直。 · 腕、肘和肩对齐。 · 保持姿势。 · 尽量屈髋，同时保持脊柱中立位。
上升	· 伸展髋关节和膝关节。 · 下背部保持中立位（平直）。 · 回到起始姿势。

练习

瑞士球俯卧抬腿

阶段	教学要点
起始姿势	· 俯卧在瑞士球上，球位于髋关节下方。 · 双手撑地与肩同宽。 · 面向地面。 · 保持头、肩和髋的正确力线。 · 背部挺直。 · 足尖接触地面。
上升	· 收紧下背部。 · 腹部和髋关节压向瑞士球。 · 双腿抬起，离开地面。 · 瑞士球位置不变。 · 上半身位置不变。 · 双腿始终伸直。 · 髋关节接触球面。
下放	· 双腿回到地面。

臀部激活和力量训练（困难）

练习

瑞士球单腿抬臀

阶段	教学要点
起始姿势	· 仰卧在瑞士球上，以瑞士球支撑头、肩和上背部。 · 屈膝，同侧脚压实地面。 · 收紧下背部和臀部。 · 肩关节和髋关节对齐。 · 背部挺直。 · 手放在胸部。 · 头部处于中立位（向上看）。 · 抬起另一条腿，伸直膝关节。
下降	· 屈髋。 · 臀部向下移动。 · 始终保持抬起的腿离开地面。
上升	· 收紧臀部。 · 髋关节向上移动，回到起始姿势。

练习
实心球俯卧抬腿

阶段	教学要点
起始姿势	· 俯卧。 · 双脚、膝、髋、肩和头保持正确的力线。 · 面向地面。 · 双手叠放。 · 额头置于双手上方。 · 足尖接触地面。 · 实心球夹在双脚中间。
上升	· 夹紧双脚之间的实心球。 · 收紧下背部。 · 腹部和髋关节压向地面。 · 双腿抬起，离开地面。 · 实心球始终夹在两脚中间。 · 双腿始终伸直。 · 髋关节始终接触地面。
下降	· 双腿落回地面。

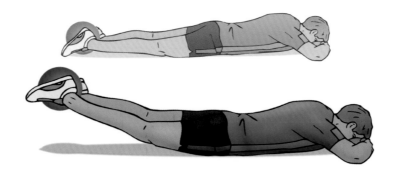

附录

训练计划示例

在一般准备期和专项准备期，力量训练可以有很多种形式。以下计划是基于不同训练年龄运动员的示例。这些计划的执行前提是，运动员没有任何伤病，在完成各项练习任务时已具备良好的技术，且每周可以进行3次力量训练。当然，每周训练的频次和内容取决于运动项目、运动员个体及他们的竞技水平。

下表展示了一个为期16周的力量训练计划，分为一般准备期（GPP）和专项准备期（SPP）。每周进行的3节力量训练课程都标有数字。这些数字与本附录中的个人力量训练计划一致。

周	阶段	训练课程1	训练课程2	训练课程3
第1周		A1	B1	C1
第2周		A2	B2	C2
第3周	GPP1	A3	B3	C3
第4周		A4	B4	C4
第5周		A1	B1	C1
第6周		A2	B2	C2
第7周	GPP2	A3	B3	C3
第8周		A4	B4	C4
第9周		A1	B1	C1
第10周		A2	B2	C2
第11周	SPP1	A3	B3	C3
第12周		A4	B4	C4
第13周		A1	B1	C1
第14周		A2	B2	C2
第15周	SPP2	A3	B3	C3
第16周		A4	B4	C4

力量训练模板的周期结构建立在运动员能够每周进行3次力量训练的基础上。

每个训练计划都是根据运动员的训练年龄设计的，方便起见，在大多数情况下训练强度的设定来自举起的最大重复次数（RM）。为了能够依据最大重复次数推算出近似的1RM百分比值，可以使用下面的1RM百分比转换表。

最大重复次数（RM）	1次举起最大重量百分比（% 1RM）
1	100
2	95
3	92.5
4	87.5
5	85
6	80

一般准备期1：初级运动员周期训练计划

第1周

练习动作	速度	休息	强度	目标										
				次数	负重	次数	负重	次数	负重	次数	负重	次数	负重
髋部悬垂下蹲翻变式	X，X，X			技术										
背蹲	2，0，1	1.5分	12RM	8		8								
平板哑铃卧推	2，0，1	1.5分	12RM	8		8								
罗马尼亚硬拉	2，0，1	1.5分	12RM	8		8								
仰卧划船	2，0，1	1.5分	BW	TF		TF								
瑞士球仰卧抬腿	2，0，1	1分	BW	8		8								
躯干循环														

初级运动员第1周力量训练计划 A1。
BW：自重；TF：练习至力竭；X = 尽可能以最快速度练习。

练习动作	速度	休息	强度	目标										
				时间	负重	时间	负重	时间	负重	时间	负重	时间	负重
自重背蹲	稳定	循环训练之间休息2分	BW	10秒		10秒		10秒						
俯卧撑	稳定		BW	10秒		10秒		10秒						
箭步	稳定		BW	10秒		10秒		10秒						
平板支撑	稳定		BW	20秒		20秒		20秒						
自重爆发式上台阶*	X，X，X		BW	4次		4次		4次						
俯卧挺身	稳定		BW	15秒		15秒		15秒						

*：用次数代替时间。
初级运动员第1周力量训练计划B1。注意，该训练课采用循环练习的方式进行，即每个练习组的各项练习依次进行，练习之间没有休息。一组循环练习完成后，再安排休息。

练习动作	速度	休息	强度	目标										
				次数	负重	次数	负重	次数	负重	次数	负重	次数	负重
跳箱	X，X，X	2.5分	BW	4		4								
硬拉	2，0，1	1.5分	12RM	8		8								
哑铃肩上推举	2，0，1	1.5分	12RM	8		8								
上台阶	2，0，1	1.5分	12RM	8		8								
单臂俯身划船	2，0，1	1.5分	12RM	8		8								
北欧式屈膝俯卧撑	2，0，1	1.5分	BW	5		5								
躯干循环														

初级运动员第1周力量训练计划 C1。

第2周

练习动作	速度	休息	强度	目标									
				次数	负重	次数	负重	次数	负重	次数	负重	次数	负重
髋部悬垂下蹲翻变式	X，X，X			技术									
背蹲	2，0，1	1.5分	12RM	8		8							
平板哑铃卧推	2，0，1	1.5分	12RM	8		8							
罗马尼亚硬拉	2，0，1	1.5分	12RM	8		8							
仰卧划船	2，0，1	1.5分	BW	TF		TF							
瑞士球仰卧抬腿	2，0，1	1分	BW	8		8							
躯干循环													

初级运动员第2周力量训练计划 A2。

练习动作	速度	休息	强度	目标									
				时间	负重	时间	负重	时间	负重	时间	负重	时间	负重
自重背蹲	稳定	循环训练之间休息2分	BW	10秒		10秒		10秒					
俯卧撑	稳定		BW	10秒		10秒		10秒					
箭步	稳定		BW	10秒		10秒		10秒					
平板支撑	稳定		BW	20秒		20秒		20秒					
自重爆发式上台阶*	X，X，X		BW	4次		4次		4次					
俯卧挺身	稳定		BW	15秒		15秒		15秒					

*：用次数代替时间。

初级运动员第2周力量训练计划B2。注意，该训练课采用循环练习的方式进行，即每个练习组的各项练习依次进行，练习之间没有休息。一组循环练习完成后，再安排休息。

练习动作	速度	休息	强度	目标									
				次数	负重	次数	负重	次数	负重	次数	负重	次数	负重
跳箱	X，X，X	2.5分	BW	4		4							
硬拉	2，0，1	1.5分	12RM	8		8		8					
哑铃肩上推举	2，0，1	1.5分	12RM	8		8							
上台阶	2，0，1	1.5分	12RM	8		8							
单臂俯身划船	2，0，1	1.5分	12RM	8		8		8					
北欧式屈膝俯卧撑	2，0，1	1.5分	BW	5		5							
躯干循环													

初级运动员第2周力量训练计划 C2。

第3周

练习动作	速度	休息	强度	目标									
				次数	负重	次数	负重	次数	负重	次数	负重	次数	负重
髋部悬垂下蹲翻	X，X，X	2分	50% 1RM	5		5		5					
背蹲	2，0，1	1.5分	12RM	8		8		8					
平板哑铃卧推	2，0，1	1.5分	12RM	8		8		8					
罗马尼亚硬拉	2，0，1	1.5分	12RM	8		8		8					
仰卧划船	2，0，1	1.5分	BW	TF		TF		TF					
瑞士球仰卧抬腿	2，0，1	1分	BW	8		8		8					
躯干循环													

初级运动员第3周力量训练计划 A3。

练习动作	速度	休息	强度	目标									
				时间	负重	时间	负重	时间	负重	时间	负重	时间	负重
自重背蹲	稳定	循环训练之间休息2分	BW	15秒		15秒		15秒					
俯卧撑	稳定		BW	15秒		15秒		15秒					
箭步	稳定		BW	15秒		15秒		15秒					
平板支撑	稳定		BW	30秒		30秒		30秒					
自重爆发式上台阶*	X，X，X		BW	5次		5次		5次					
俯卧挺身	稳定		BW	20秒		20秒		20秒					

*：用次数代替时间。
初级运动员第3周力量训练计划 B3。注意，该训练课采用循环练习的方式进行，即每个练习组的各项练习依次进行，练习之间没有休息。一组循环练习完成后，再安排休息。

练习动作	速度	休息	强度	目标									
				次数	负重	次数	负重	次数	负重	次数	负重	次数	负重
跳箱	X，X，X	2.5分	BW	4		4		4					
硬拉	2，0，1	1.5分	12RM	8		8		8					
哑铃肩上推举	2，0，1	1.5分	12RM	8		8		8					
上台阶	2，0，1	1.5分	12RM	8		8		8					
单臂俯身划船	2，0，1	1.5分	12RM	8		8		8					
北欧式屈膝俯卧撑	2，0，1	1.5分	BW	6		6		6					
躯干循环													

初级运动员第3周力量训练计划 C3。

第4周

练习动作	速度	休息	强度	目标										
				次数	负重	次数	负重	次数	负重	次数	负重	次数	负重
髋部悬垂下蹲翻	X，X，X	2分	50% 1RM	5		5							
背蹲	2，0，1	1.5分	12RM	8		8							
平板哑铃卧推	2，0，1	1.5分	12RM	8		8							
罗马尼亚硬拉	2，0，1	1.5分	12RM	8		8							
仰卧划船	2，0，1	1.5分	BW	TF		TF							
瑞士球仰卧抬腿	2，0，1	1分	BW	8		8							
躯干循环													

初级运动员第4周力量训练计划 A4。

练习动作	速度	休息	强度	目标										
				时间	负重	时间	负重	时间	负重	时间	负重	时间	负重
自重背蹲	稳定	循环训练之间休息2分	BW	15秒		15秒		15秒					
俯卧撑	稳定		BW	15秒		15秒		15秒					
箭步	稳定		BW	15秒		15秒		15秒					
平板支撑	稳定		BW	30秒		30秒		30秒					
自重爆发式上台阶*	X，X，X		BW	5次		5次		5次					
俯卧挺身	稳定		BW	20秒		20秒		20秒					

*：用次数代替时间。
初级运动员第4周力量训练计划 B4。注意，该训练课采用循环练习的方式进行，即每个练习组的各项练习依次进行，练习之间没有休息。一组循环练习完成后，再安排休息。

练习动作	速度	休息	强度	目标										
				次数	负重	次数	负重	次数	负重	次数	负重	次数	负重
跳箱	X，X，X	2.5分	BW	4		4							
硬拉	2，0，1	1.5分	12RM	8		8							
哑铃肩上推举	2，0，1	1.5分	12RM	8		8							
上台阶	2，0，1	1.5分	12RM	8		8							
单臂俯身划船	2，0，1	1.5分	12RM	8		8							
北欧式屈膝俯卧撑	2，0，1	1.5分	BW	6		6							
躯干循环													

初级运动员第4周力量训练计划 C4。

一般准备期1：中级运动员周期训练计划

第1周

练习动作	速度	休息	强度	目标									
				次数	负重	次数	负重	次数	负重	次数	负重	次数	负重
下蹲翻	X，X，X	2.5分	60% 1RM	5		5		5					
背蹲	2，0，1	2分	10RM	8		8		8					
平板哑铃卧推	2，0，1	2分	10RM	8		8		8					
罗马尼亚硬拉	2，0，1	2分	10RM	8		8		8					
正手引体向上	2，0，1	2分	BW	TF		TF		TF					
躯干循环													

中级运动员第1周力量训练计划A1。

练习动作	速度	休息	强度	目标									
				时间	负重	时间	负重	时间	负重	时间	负重	时间	负重
单腿深蹲	迅速	循环训练之间休息2分	BW	8秒		8秒		8秒					
俯卧撑	迅速		BW	8秒		8秒		8秒					
瑞士球仰卧单腿抬腿	迅速		BW	8秒		8秒		8秒					
杠铃跪姿滚腹*	稳定		BW	6次		6次		6次					
自重爆发式上台阶	X，X，X		BW	8秒		8秒		8秒					
仰卧划船	迅速		BW	8秒		8秒		8秒					

*：用次数代替时间。
中级运动员第1周力量训练计划 B1。注意，该训练课采用循环练习的方式进行，即每个练习组的各项练习依次进行，练习之间没有休息。一组循环练习完成后，再安排休息。

练习动作	速度	休息	强度	目标									
				次数	负重	次数	负重	次数	负重	次数	负重	次数	负重
跳箱	X，X，X	2.5分	BW	4		4		4					
硬拉	2，0，1	2分	10RM	8		8		8					
哑铃肩上推举	2，0，1	2分	10RM	8		8		8					
保加利亚分腿蹲	2，0，1	2分	10RM	8		8		8					
单臂俯身划船	2，0，1	2分	10RM	8		8		8					
躯干循环													

中级运动员第1周力量训练计划C1。

第2周

练习动作	速度	休息	强度	目标									
				次数	负重	次数	负重	次数	负重	次数	负重	次数	负重
下蹲翻	X，X，X	2.5分	65% 1RM	5		5		5		5			
背蹲	2，0，1	2分	10RM	8		8		8		8			
平板哑铃卧推	2，0，1	2分	10RM	8		8		8					
罗马尼亚硬拉	2，0，1	2分	10RM	8		8		8					
正手引体向上	2，0，1	2分	BW	TF		TF		TF					
躯干循环													

中级运动员第2周力量训练计划 A2。

练习动作	速度	休息	强度	目标									
				时间	负重	时间	负重	时间	负重	时间	负重	时间	负重
单腿深蹲			BW	10秒		10秒		10秒					
俯卧撑			BW	10秒		10秒		10秒					
瑞士球仰卧单腿抬腿		循环训练之间休息2分	BW	10秒		10秒		10秒					
杠铃跪姿滚腹*			BW	8次		8次		8次					
自重爆发式上台阶			BW	10秒		10秒		10秒					
仰卧划船			BW	10秒		10秒		10秒					

*：用次数代替时间。
中级运动员第2周力量训练计划 B2。注意，该训练课采用循环练习的方式进行，即每个练习组的各项练习依次进行，练习之间没有休息。一组循环练习完成后，再安排休息。

练习动作	速度	休息	强度	目标									
				次数	负重	次数	负重	次数	负重	次数	负重	次数	负重
跳箱	X，X，X	2.5分	BW	4		4		4		4			
硬拉	2，0，1	2分	10RM	8		8		8		8			
哑铃肩上推举	2，0，1	2分	10RM	8		8		8					
保加利亚分腿蹲	2，0，1	2分	10RM	8		8		8					
单臂俯身划船	2，0，1	2分	10RM	8		8		8					
躯干循环													

中级运动员第2周力量训练计划C2。

第3周

练习动作	速度	休息	强度	目标									
				次数	负重	次数	负重	次数	负重	次数	负重	次数	负重
下蹲翻	X，X，X	2.5分	70% 1RM	4		4		4		4			
背蹲	2，0，1	2.5分	8RM	6		6		6		6			
平板哑铃卧推	2，0，1	2.5分	8RM	6		6		6		6			
罗马尼亚硬拉	2，0，1	2分	8RM	6		6		6		6			
正手引体向上	2，0，1	2分	BW	TF		TF		TF					
躯干循环													

中级运动员第3周力量训练计划A3。

练习动作	速度	休息	强度	目标									
				时间	负重	时间	负重	时间	负重	时间	负重	时间	负重
单腿深蹲		循环训练之间休息2分	BW	12秒		12秒		12秒		12秒			
俯卧撑			BW	12秒		12秒		12秒		12秒			
瑞士球仰卧单腿抬腿			BW	12秒		12秒		12秒		12秒			
杠铃跪姿滚腹*			BW	8次		8次		8次		8次			
自重爆发式上台阶			BW	12秒		12秒		12秒		12秒			
仰卧划船			BW	12秒		12秒		12秒		12秒			

*：用次数代替时间。
中级运动员第3周力量训练计划B3。注意，该训练课采用循环练习的方式进行，即每个练习组的各项练习依次进行，练习之间没有休息。一组循环练习完成后，再安排休息。

练习动作	速度	休息	强度	目标									
				次数	负重	次数	负重	次数	负重	次数	负重	次数	负重
跳箱	X，X，X	2.5分	BW	5		5		5		5			
硬拉	2，0，1	2.5分	8RM	6		6		6		6			
哑铃肩上推举	2，0，1	2.5分	8RM	6		6		6		6			
保加利亚分腿蹲	2，0，1	2分	8RM	6		6		6		6			
单臂俯身划船	2，0，1	2分	8RM	6		6		6		6			
躯干循环													

中级运动员第3周力量训练计划C3。

第4周

练习动作	速度	休息	强度	目标									
				次数	负重	次数	负重	次数	负重	次数	负重	次数	负重
下蹲翻	X，X，X	2.5分	75% 1RM	3		3							
背蹲	2，0，1	2.5分	6RM	5		5							
平板哑铃卧推	2，0，1	2.5分	6RM	5		5							
罗马尼亚硬拉	2，0，1	2.5分	6RM	5		5							
正手引体向上	2，0，1	2.5分	BW	TF		TF							

中级运动员第4周力量训练计划A4。

练习动作	速度	休息	强度	目标									
				时间	负重	时间	负重	时间	负重	时间	负重	时间	负重
躯干循环													

中级运动员第4周力量训练计划B4。

练习动作	速度	休息	强度	目标									
				次数	负重	次数	负重	次数	负重	次数	负重	次数	负重
跳箱	X，X，X	2.5分	BW	5		5							
硬拉	2，0，1	2.5分	6RM	5		5							
哑铃肩上推举	2，0，1	2.5分	6RM	5		5							
保加利亚分腿蹲	2，0，1	2.5分	6RM	5		5							
单臂俯身划船	2，0，1	2.5分	6RM	5		5							

中级运动员第4周力量训练计划C4。

一般准备期1：高级运动员周期训练计划

第1周

练习动作	速度	休息	强度	目标								
				次数	负重	次数	负重	次数	负重	次数	负重	次数	负重
下蹲翻	X，X，X	2.5分	60% 1RM	5		5		5		5			
背蹲	2，0，1	2分	7RM	6		6		6		6			
平板哑铃卧推	2，0，1	2分	7RM	6		6		6		6			
罗马尼亚硬拉	2，0，1	2分	7RM	6		6		6					
正手引体向上	2，0，1	2分	BW	TF		TF		TF					
躯干循环													

高级运动员第1周力量训练计划A1。

练习动作	速度	休息	强度	目标								
				时间	负重	时间	负重	时间	负重	时间	负重	时间	负重
单腿深蹲	迅速		BW	10秒		10秒		10秒					
俯卧撑	迅速		BW	10秒		10秒		10秒					
瑞士球仰卧单腿抬腿	迅速	循环训练之间休息2分	BW	10秒		10秒		10秒					
杠铃跪姿滚腹*	稳定		BW	8次		8次		8次					
自重爆发式上台阶	X，X，X		BW	10秒		10秒		10秒					
仰卧划船	迅速		BW	10秒		10秒		10秒					

*：用次数代替时间。
高级运动员第1周力量训练计划B1。注意，该训练课采用循环练习的方式进行，即每个练习组的各项练习依次进行，练习之间没有休息。一组循环练习完成后，再安排休息。

练习动作	速度	休息	强度	目标								
				次数	负重	次数	负重	次数	负重	次数	负重	次数	负重
跳箱	X，X，X	2.5分	BW	4		4		4					
硬拉	2，0，1	2分	7RM	6		6		6					
哑铃肩上推举	2，0，1	2分	7RM	6		6		6					
保加利亚分腿蹲	2，0，1	2分	7RM	6		6		6					
单臂俯身划船	2，0，1	2分	7RM	6		6		6					
躯干循环													

高级运动员第1周力量训练计划C1。

第2周

练习动作	速度	休息	强度	目标									
				次数	负重	次数	负重	次数	负重	次数	负重	次数	负重
下蹲翻	X，X，X	2.5分	65% 1RM	5		5		5		5			
背蹲	2，0，1	2分	6RM	5		5		5		5		5	
平板哑铃卧推	2，0，1	2分	6RM	5		5		5		5			
罗马尼亚硬拉	2，0，1	2分	6RM	5		5		5		5			
正手引体向上	2，0，1	2分	BW	TF		TF		TF					
躯干循环													

高级运动员第2周力量训练计划A2。

练习动作	速度	休息	强度	目标									
				时间	负重	时间	负重	时间	负重	时间	负重	时间	负重
单腿深蹲			BW	12秒		12秒		12秒					
俯卧撑			BW	12秒		12秒		12秒					
瑞士球仰卧单腿抬腿		循环训练之间休息2分	BW	12秒		12秒		12秒					
杠铃跪姿滚腹*			BW	10次		10次		10次					
自重爆发式上台阶			BW	12秒		12秒		12秒					
仰卧划船			BW	12秒		12秒		12秒					

*：用次数代替时间。
高级运动员第2周力量训练计划B2。注意，该训练课采用循环练习的方式进行，即每个练习组的各项练习依次进行，练习之间没有休息。一组循环练习完成后，再安排休息。

练习动作	速度	休息	强度	目标									
				次数	负重	次数	负重	次数	负重	次数	负重	次数	负重
跳箱	X，X，X	2.5分	BW	4		4		4		4			
硬拉	2，0，1	2分	6RM	5		5		5		5		5	
哑铃肩上推举	2，0，1	2分	6RM	5		5		5					
保加利亚分腿蹲	2，0，1	2分	6RM	5		5		5		5			
单臂俯身划船	2，0，1	2分	6RM	5		5		5					
躯干循环													

高级运动员第2周力量训练C2。

第3周

练习动作	速度	休息	强度	目标									
				次数	负重	次数	负重	次数	负重	次数	负重	次数	负重
下蹲翻	X，X，X	2.5分	70% 1RM	4		4		4		4			
背蹲	2，0，1	2.5分	5RM	4		4		4		4		4	
平板哑铃卧推	2，0，1	2.5分	5RM	4		4		4		4			
罗马尼亚硬拉	2，0，1	2.5分	5RM	4		4		4		4			
正手引体向上	2，0，1	2.5分	BW	TF		TF		TF		TF			
躯干循环													

高级运动员第3周力量训练计划A3。

练习动作	速度	休息	强度	目标									
				时间	负重	时间	负重	时间	负重	时间	负重	时间	负重
单腿深蹲			BW	15秒		15秒		15秒		15秒			
俯卧撑			BW	15秒		15秒		15秒		15秒			
瑞士球仰卧单腿抬腿		循环训练之间休息2分	BW	15秒		15秒		15秒		15秒			
杠铃跪姿滚腹*			BW	10次		10次		10次		10次			
自重爆发式上台阶			BW	15秒		15秒		15秒		15秒			
仰卧划船			BW	15秒		15秒		15秒		15秒			

*：用次数代替时间。
高级运动员第3周力量训练计划B3。注意，该训练课采用循环练习的方式进行，即每个练习组的各项练习依次进行，练习之间没有休息。一组循环练习完成后，再安排休息。

练习动作	速度	休息	强度	目标									
				次数	负重	次数	负重	次数	负重	次数	负重	次数	负重
跳箱	X，X，X	2.5分	BW	5		5		5		5			
硬拉	2，0，1	2.5分	5RM	4		4		4		4		4	
哑铃肩上推举	2，0，1	2.5分	5RM	4		4		4					
保加利亚分腿蹲	2，0，1	2.5分	5RM	4		4		4		4			
单臂俯身划船	2，0，1	2.5分	5RM	4		4		4		4			
躯干循环													

高级运动员第3周力量训练计划C3。

第4周

练习动作	速度	休息	强度	目标										
				次数	负重	次数	负重	次数	负重	次数	负重	次数	负重
下蹲翻	X，X，X	2.5分	75% 1RM	3		3							
背蹲	2，0，1	2.5分	5RM	4		4							
平板哑铃卧推	2，0，1	2.5分	5RM	4		4							
罗马尼亚硬拉	2，0，1	2.5分	5RM	4		4							
正手引体向上	2，0，1	2.5分	BW	TF		TF							

高级运动员第4周力量训练计划A4。

练习动作	速度	休息	强度	目标										
				次数	负重	次数	负重	次数	负重	次数	负重	次数	负重
躯干循环													

高级运动员第4周力量训练计划B4。

练习动作	速度	休息	强度	目标										
				次数	负重	次数	负重	次数	负重	次数	负重	次数	负重
跳箱	X，X，X	2.5分	BW	5		5							
硬拉	2，0，1	2.5分	5RM	4		4							
哑铃肩上推举	2，0，1	2.5分	5RM	4		4							
保加利亚分腿蹲	2，0，1	2.5分	5RM	4		4							
单臂俯身划船	2，0，1	2.5分	5RM	4		4							

高级运动员第4周力量训练计划C4。

一般准备期2：初级运动员周期训练计划

第5周

练习动作	速度	休息	强度	目标									
				次数	负重	次数	负重	次数	负重	次数	负重	次数	负重
悬垂下蹲翻	X，X，X	2.5分	60% 1RM	5		5		5					
背蹲	2，0，1	2分	10RM	8		8		8					
平板杠铃卧推	2，0，1	2分	10RM	8		8		8					
罗马尼亚硬拉	2，0，1	2分	10RM	8		8		8					
仰卧划船	2，0，1	2分	10RM	TF		TF		TF					
瑞士球仰卧抬腿	2，0，1	2分	BW	10		10		10					
躯干循环													

初级运动员第5周力量训练计划A1。

练习动作	速度	休息	强度	目标									
				次数	负重	次数	负重	次数	负重	次数	负重	次数	负重
蹬踏动作*	X，X，X	2分	BW	15米		15米		15米					
直腿跳	X，X，X	2分	BW	10		10		10					
立定跳远	X，X，X	2分	BW	4		4		4					
实心球后抛	X，X，X	2分	3千克	4		4		4					
臀推	2，0，1	1分	10RM	8		8		8					
躯干循环													

*：用距离代替次数。
初级运动员第5周力量训练计划B1。

练习动作	速度	休息	强度	目标									
				次数	负重	次数	负重	次数	负重	次数	负重	次数	负重
跳箱	X，X，X	2.5分	BW	5		5		5					
硬拉	2，0，1	2分	10RM	8		8		8					
哑铃肩上推举	2，0，1	2分	10RM	8		8		8					
上台阶	2，0，1	2分	10RM	8		8		8					
单臂俯身划船	2，0，1	2分	10RM	8		8		8					
北欧式屈膝俯卧撑	2，0，1	2分	BW	6		6		6					
躯干循环													

初级运动员第5周力量训练计划C1。

第6周

练习动作	速度	休息	强度	目标										
				次数	负重	次数	负重	次数	负重	次数	负重	次数	负重
悬垂下蹲翻	X，X，X	2.5分	60% 1RM	5		5		5					
背蹲	2，0，1	2分	10RM	8		8		8					
平板哑铃卧推	2，0，1	2分	10RM	8		8		8					
罗马尼亚硬拉	2，0，1	2分	10RM	8		8		8					
仰卧划船	2，0，1	2分	10RM	TF		TF		TF					
瑞士球仰卧抬腿	2，0，1	2分	BW	10		10		10					
躯干循环													

初级运动员第6周力量训练计划A2。

练习动作	速度	休息	强度	目标										
				次数	负重	次数	负重	次数	负重	次数	负重	次数	负重
蹬踏动作*	X，X，X	2分	BW	15米		15米		15米					
直腿跳	X，X，X	2分	BW	10		10		10					
立定跳远	X，X，X	2分	BW	4		4		4					
实心球后抛	X，X，X	2分	3千克	4		4		4					
臀推	2，0，1	1分	10RM	8		8		8					
躯干循环													

*：用距离代替次数。
初级运动员第6周力量训练计划B2。

练习动作	速度	休息	强度	目标										
				次数	负重	次数	负重	次数	负重	次数	负重	次数	负重
跳箱	X，X，X	2.5分	BW	5		5		5					
硬拉	2，0，1	2分	10RM	8		8		8					
哑铃肩上推举	2，0，1	2分	10RM	8		8		8					
上台阶	2，0，1	2分	10RM	8		8		8					
单臂俯身划船	2，0，1	2分	10RM	8		8		8					
北欧式屈膝俯卧撑	2，0，1	2分	BW	6		6		6					
躯干循环													

初级运动员第6周力量训练计划C2。

第7周

练习动作	速度	休息	强度	目标									
				次数	负重	次数	负重	次数	负重	次数	负重	次数	负重
悬垂下蹲翻	X，X，X	2.5分	60% 1RM	5		5		5					
背蹲	2，0，1	2分	10RM	8		8		8					
平板哑铃卧推	2，0，1	2分	10RM	8		8		8					
罗马尼亚硬拉	2，0，1	2分	10RM	8		8		8					
仰卧划船	2，0，1	2分	10RM	TF		TF		TF					
瑞士球仰卧抬腿	2，0，1	2分	BW	10		10		10					
躯干循环													

初级运动员第7周力量训练计划A3。

练习动作	速度	休息	强度	目标									
				次数	负重	次数	负重	次数	负重	次数	负重	次数	负重
蹬踏动作*	X，X，X	2分	BW	15米		15米		15米					
直腿跳	X，X，X	2分	BW	10		10		10					
立定跳远	X，X，X	2分	BW	4		4		4					
实心球后抛	X，X，X	2分	5千克	4		4		4					
臀推	2，0，1	1.5分	8RM	6		6		6					
躯干循环													

*：用距离代替次数。
初级运动员第7周力量训练计划B3。

练习动作	速度	休息	强度	目标									
				次数	负重	次数	负重	次数	负重	次数	负重	次数	负重
跳箱	X，X，X	2.5分	BW	5		5		5					
硬拉	2，0，1	2分	10RM	8		8		8					
哑铃肩上推举	2，0，1	2分	10RM	8		8		8					
上台阶	2，0，1	2分	10RM	8		8		8					
单臂俯身划船	2，0，1	2分	10RM	8		8		8					
北欧式屈膝俯卧撑	2，0，1	2分	BW	8		8		8					
躯干循环													

初级运动员第7周力量训练计划C3。

第8周

练习动作	速度	休息	强度	目标									
				次数	负重	次数	负重	次数	负重	次数	负重	次数	负重
悬垂下蹲翻	X，X，X	2.5分	60% 1RM	5		5							
背蹲	2，0，1	2分	10RM	8		8							
平板哑铃卧推	2，0，1	2分	10RM	8		8							
罗马尼亚硬拉	2，0，1	2分	10RM	8		8							
仰卧划船	2，0，1	2分	10RM	TF		TF							
瑞士球仰卧抬腿	2，0，1	2分	BW	10		10							
躯干循环													

初级运动员第8周力量训练计划A4。

练习动作	速度	休息	强度	目标									
				次数	负重	次数	负重	次数	负重	次数	负重	次数	负重
蹬踏动作*	X，X，X	2分	BW	15米		15米		15米					
直腿跳	X，X，X	2分	BW	10		10		10					
立定跳远	X，X，X	2分	BW	4		4		4					
实心球后抛	X，X，X	2分	5千克	4		4		4					
臀推	2，0，1	1.5分	8RM	6		6		6					
躯干循环													

*：用距离代替次数。
初级运动员第8周力量训练计划B4。

练习动作	速度	休息	强度	目标									
				次数	负重	次数	负重	次数	负重	次数	负重	次数	负重
跳箱	X，X，X	2.5分	BW	5		5							
硬拉	2，0，1	2分	10RM	8		8							
哑铃肩上推举	2，0，1	2分	10RM	8		8							
上台阶	2，0，1	2分	10RM	8		8							
单臂俯身划船	2，0，1	2分	10RM	8		8							
北欧式屈膝俯卧撑	2，0，1	2分	BW	8		8							
躯干循环													

初级运动员第8周力量训练计划C4。

一般准备期2：中级运动员周期训练计划

第5周

练习动作	速度	休息	强度	目标									
				次数	负重	次数	负重	次数	负重	次数	负重	次数	负重
下蹲翻	X，X，X	2.5分	65% 1RM	5		5		5		5			
背蹲	2，0，1	2.5分	7RM	6		6		6		6			
平板杠铃卧推	2，0，1	2.5分	7RM	6		6		6		6			
罗马尼亚硬拉	2，0，1	2.5分	7RM	6		6		6		6			
负重正手引体向上	2，0，1	2.5分	7RM	6		6		6		6			

中级运动员第5周力量训练计划A1。

练习动作	速度	休息	强度	目标									
				次数	负重	次数	负重	次数	负重	次数	负重	次数	负重
直腿跳	X，X，X，X	2分	BW	10		10		10					
实心球俯冲投掷	X，X，X，X	2分	5千克	4		4		4					
下落跳上跳箱*	X，X，X，X	2分	BW	4		4		4					
实心球后抛	X，X，X，X	2分	5千克	4		4		4					
臀推	2，0，1	2分	8RM	6		6		6					

*：跳箱高度从低到高排列。
中级运动员第5周力量训练计划B1。

练习动作	速度	休息	强度	目标									
				次数	负重	次数	负重	次数	负重	次数	负重	次数	负重
悬垂下蹲抓	X，X，X	2.5分	65% 1RM	5		5		5		5			
立定跳远	X，X，X	2分	BW	4		4		4					
硬拉	2，0，1	2.5分	7RM	6		6		6		6			
坐姿划船	2，0，1	2.5分	7RM	6		6		6		6			
保加利亚分腿蹲	2，0，1	2.5分	7RM	6		6		6		6			

中级运动员第5周力量训练计划C1。

第6周

练习动作	速度	休息	强度	目标										
				次数	负重	次数	负重	次数	负重	次数	负重	次数	负重
悬垂下蹲翻	X，X，X	2.5分	60％ 1RM	5		5		5					
背蹲	2，0，1	2分	10RM	8		8		8					
平板哑铃卧推	2，0，1	2分	10RM	8		8		8					
罗马尼亚硬拉	2，0，1	2分	10RM	8		8		8					
仰卧划船	2，0，1	2分	10RM	TF		TF		TF					
瑞士球仰卧抬腿	2，0，1	2分	BW	10		10		10					
躯干循环													

中级运动员第6周力量训练计划A2。

练习动作	速度	休息	强度	目标										
				次数	负重	次数	负重	次数	负重	次数	负重	次数	负重
直腿跳	X，X，X	2分	BW	10		10		10					
实心球俯冲投掷	X，X，X	2分	5千克	4		4		4					
下落跳上跳箱*	X，X，X	2分	BW	4		4		4					
实心球后抛	X，X，X	2分	5千克	4		4		4					
臀推	2，0，1	2分	7RM	5		5		5					
躯干循环													

*：跳箱高度从低到高排列。
中级运动员第6周力量训练计划B2。

练习动作	速度	休息	强度	目标										
				次数	负重	次数	负重	次数	负重	次数	负重	次数	负重
跳箱	X，X，X	2.5分	BW	5		5		5					
硬拉	2，0，1	2分	10RM	8		8		8					
哑铃肩上推举	2，0，1	2分	10RM	8		8		8					
上台阶	2，0，1	2分	10RM	8		8		8					
单臂俯身划船	2，0，1	2分	10RM	8		8		8					
北欧式屈膝俯卧撑	2，0，1	2分	BW	6		6		6					
躯干循环													

中级运动员第6周力量训练计划C2。

第7周

练习动作	速度	休息	强度	目标									
				次数	负重	次数	负重	次数	负重	次数	负重	次数	负重
悬垂下蹲翻	X，X，X	2.5分	60% 1RM	5		5		5					
背蹲	2，0，1	2分	10RM	8		8		8					
平板哑铃卧推	2，0，1	2分	10RM	8		8		8					
罗马尼亚硬拉	2，0，1	2分	10RM	8		8		8					
仰卧划船	2，0，1	2分	10RM	TF		TF		TF					
瑞士球仰卧抬腿	2，0，1	2分	BW	10		10		10					
躯干循环													

中级运动员第7周力量训练计划A3。

练习动作	速度	休息	强度	目标									
				次数	负重	次数	负重	次数	负重	次数	负重	次数	负重
直腿跳	X，X，X	2分	BW	10		10		10					
实心球俯冲投掷	X，X，X	2.5分	8千克	4		4		4					
下落跳上跳箱*	X，X，X	2分	BW	4		4		4					
实心球后抛	X，X，X	2.5分	8千克	4		4		4					
臀推	2，0，1	2分	7RM	5		5		5					
躯干循环													

*：跳箱高度从低到高排列。
中级运动员第7周力量训练计划B3。

练习动作	速度	休息	强度	目标									
				次数	负重	次数	负重	次数	负重	次数	负重	次数	负重
跳箱	X，X，X	2.5分	BW	5		5		5					
硬拉	2，0，1	2分	10RM	8		8		8					
哑铃肩上推举	2，0，1	2分	10RM	8		8		8					
上台阶	2，0，1	2分	10RM	8		8		8					
单臂俯身划船	2，0，1	2分	10RM	8		8		8					
北欧式屈膝俯卧撑	2，0，1	2分	BW	8		8		8					
躯干循环													

中级运动员第7周力量训练计划C3。

第8周

练习动作	速度	休息	强度	目标									
				次数	负重	次数	负重	次数	负重	次数	负重	次数	负重
下蹲翻	X，X，X	3.5分	75%1RM	3		3							
背蹲	2，0，1	3分	5RM	4		4							
平板杠铃卧推	2，0，1	3分	5RM	4		4							
负重正手引体向上	2，0，1	3分	5RM	4		4							

中级运动员第8周力量训练计划A4。

练习动作	速度	休息	强度	目标									
				次数	负重	次数	负重	次数	负重	次数	负重	次数	负重
直腿跳	X，X，X	2分	BW	10		10		10					
实心球俯冲投掷	X，X，X	2.5分	8千克	4		4		4					
实心球后抛	X，X，X	2.5分	8千克	4		4		4					
臀推	2，0，1	2分	6RM	5		5							
躯干循环													

中级运动员第8周力量训练计划B4。

练习动作	速度	休息	强度	目标									
				次数	负重	次数	负重	次数	负重	次数	负重	次数	负重
悬垂下蹲抓	X，X，X	3.5分	75%1RM	3		3							
立定跳远	X，X，X	2.5分	BW	5		5							
坐姿划船	2，0，1	3分	5RM	4		4							
保加利亚分腿蹲	2，0，1	3分	5RM	4		4							

中级运动员第8周力量训练计划C4。

一般准备期2：高级运动员周期训练计划

第5周

练习动作	速度	休息	强度	目标									
				次数	负重	次数	负重	次数	负重	次数	负重	次数	负重
下蹲翻	X，X，X	2.5分	65% 1RM	5		5		5		5			
背蹲	2，0，1	2.5分	6RM，5RM，6RM，5RM	5		4		5		4		4	
平板杠铃卧推	2，0，1	2.5分	6RM，5RM，6RM，5RM	5		4		5		4			
罗马尼亚硬拉	2，0，1	2.5分	6RM	5		5		5		5			
负重正手引体向上	2，0，1	2.5分	6RM	5		5		5		5			

高级运动员第5周力量训练计划A1。

练习动作	速度	休息	强度	目标									
				次数	负重	次数	负重	次数	负重	次数	负重	次数	负重
直腿跳	X，X，X	2分	BW	10		10		10					
实心球俯冲投掷	X，X，X	2分	5千克	4		4		4					
下落跳上跳箱*	X，X，X	2分	BW	4		4		4					
实心球后抛	X，X，X	2分	5千克	4		4		4					
臀推	2，0，X	2分	6RM	5		5		5		5			
躯干循环													

*：跳箱高度从低到高排列。
高级运动员第5周力量训练计划B1。

练习动作	速度	休息	强度	目标									
				次数	负重	次数	负重	次数	负重	次数	负重	次数	负重
悬垂下蹲抓	X，X，X	2.5分	65% 1RM	5		5		5		5			
立定跳远	X，X，X	2分	BW	4		4		4					
硬拉	2，0，1	2.5分	6RM，5RM，6RM，5RM	5		4		5		4			
坐姿划船	2，0，1	2.5分	6RM	5		5		5		5			
保加利亚分腿蹲	2，0，1	2.5分	6RM，5RM，6RM，5RM	5		4		5		4			

高级运动员第5周力量训练计划C1。

第6周

练习动作	速度	休息	强度	目标									
				次数	负重	次数	负重	次数	负重	次数	负重	次数	负重
下蹲翻	X，X，X	3分	70% 1RM	4		4		4		4			
背蹲	2，0，1	3分	5RM，4RM，5RM，4RM，5RM	4		3		4		3		4	
平板杠铃卧推	2，0，1	3分	5RM，4RM，5RM，4RM，5RM	4		3		4		3		4	
罗马尼亚硬拉	2，0，1	3分	5RM	4		4		4		4			
负重正手引体向上	2，0，1	2.5分	5RM	4		4		4		4			

高级运动员第6周力量训练计划A2。

练习动作	速度	休息	强度	目标									
				次数	负重	次数	负重	次数	负重	次数	负重	次数	负重
直腿跳	X，X，X，X	2分	BW	10		10		10					
实心球俯冲投掷	X，X，X，X	2分	5千克	4		4		4		4			
下落跳上跳箱	X，X，X，X	2分	BW*	4		4		4		4			
实心球后抛	X，X，X，X	2分	5千克	4		4		4		4			
臀推	2，0，1	2分	5RM	4		4		4		4			
躯干循环													

*：跳箱高度从低到高排列。
高级运动员第6周力量训练计划B2。

练习动作	速度	休息	强度	目标									
				次数	负重	次数	负重	次数	负重	次数	负重	次数	负重
悬垂下蹲抓	X，X，X	3分	70% 1RM	4		4		4		4		4	
立定跳远	X，X，X	2.5分	BW	5		5		5		5			
硬拉	2，0，1	3分	5RM，4RM，5RM，4RM，5RM	4		3		4		3		4	
坐姿划船	2，0，1	3分	5RM，4RM，5RM，4RM	4		3		4		3			
保加利亚分腿蹲	2，0，1	3分	5RM，4RM，5RM，4RM	4		3		4		3			

高级运动员第6周力量训练计划C2。

第7周

练习动作	速度	休息	强度	目标									
				次数	负重	次数	负重	次数	负重	次数	负重	次数	负重
下蹲翻	X, X, X	3.5分	80% 1RM	3		3		3		3		3	
背蹲	2, 0, 1	3分	6RM, 3RM, 3RM, 2RM, 2RM	5		3		3		2		1	
平板杠铃卧推	2, 0, 1	3分	5RM, 4RM, 5RM, 3RM	4		3		4		3			
负重正手引体向上	2, 0, 1	3分	4RM	3		3		3					

高级运动员第7周力量训练计划A3。

练习动作	速度	休息	强度	目标									
				次数	负重	次数	负重	次数	负重	次数	负重	次数	负重
直腿跳	X, X, X	2分	BW	10		10		10					
实心球俯冲投掷	X, X, X	2.5分	8千克	4		4		4					
下落跳上跳箱*	X, X, X	2分	BW	4		4		4		4			
实心球后抛	X, X, X	2.5分	8千克	4		4		4		4			
臀推	2, 0, X	2.5分	4RM	3		3		3		3			
躯干循环													

*：跳箱高度从低到高排列。
高级运动员第7周力量训练计划B3。

练习动作	速度	休息	强度	目标									
				次数	负重	次数	负重	次数	负重	次数	负重	次数	负重
悬垂下蹲抓	X, X, X	3.5分	80% 1RM	3		3		3		3		3	
硬拉	2, 0, 1	3分	6RM, 3RM, 3RM, 2RM, 2RM	5		3		3		2		1	
坐姿划船	2, 0, 1	3分	5RM, 4RM, 5RM, 3RM	4		3		4		3			

高级运动员第7周力量训练计划C3。

第8周

练习动作	速度	休息	强度	目标									
				次数	负重	次数	负重	次数	负重	次数	负重	次数	负重
下蹲翻	X，X，X	3.5分	80%~85%1RM	3		2		3		2		3	
负重正手引体向上	2，0，1	3.5分	4RM，2RM，4RM，2RM	3		2		3		2			

高级运动员第8周力量训练计划A4。

练习动作	速度	休息	强度	目标									
				次数	负重	次数	负重	次数	负重	次数	负重	次数	负重
直腿跳	X，X，X	2分	BW	10		10		10					
实心球俯冲投掷	X，X，X	2.5分	8千克	4		4		4					
实心球后抛	X，X，X	2.5分	8千克	4		4		4		4			
臀推	2，0，X	2.5分	3RM	2		2							
躯干循环													

中级运动员第8周力量训练计划B4。

练习动作	速度	休息	强度	目标									
				次数	负重	次数	负重	次数	负重	次数	负重	次数	负重
悬垂下蹲抓	X，X，X	3.5分	80%~85%1RM	3		2		3		2		3	
坐姿划船	2，0，1	3.5分	4RM，2RM，4RM，2RM	3		2		3		2			

高级运动员第8周力量训练计划C4。

专项准备期1：初级运动员周期训练计划

第9周

练习动作	速度	休息	强度	目标									
				次数	负重	次数	负重	次数	负重	次数	负重	次数	负重
连续跳远		2.5分	BW	4		4		4					
实心球俯冲投掷	爆发性	2分	5kg	4		4		4					
下蹲翻		3分	65%1RM	5		5		5					
平板杠铃卧推	2，0，1	2.5分	6RM	5		5		5					
罗马尼亚硬拉	2，0，1	2.5分	8RM	6		6		6					

初级运动员第9周力量训练计划A1。

练习动作	速度	休息	强度	目标									
				次数	负重	次数	负重	次数	负重	次数	负重	次数	负重
直腿跳		2分	BW	10		10		10		10			
冲刺跨步跳*	爆发性	2.5分	BW	20米		20米							
下落跳上跳箱**		2.5分	BW	4		4		4					
正手引体向上	2，0，1	2.5分	BW	TF		TF		TF					
单腿臀推	2，0，1	2分	8RM	6		6		6					
躯干循环													

*：用距离代替次数；**：跳箱高度从中等到低排列。
初级运动员第9周力量训练计划B1。

练习动作	速度	休息	强度	目标									
				次数	负重	次数	负重	次数	负重	次数	负重	次数	负重
初级障碍反弹跳	X，X，X	2.5分	BW	4		4							
实心球后抛	X，X，X	2.5分	6千克	4		4		4					
站姿肩上推举	2，0，1	2.5分	7RM	6		6		6					
背蹲	X，X，X	3分	6RM	5		5		5					
跳箱	X，X，X	2分	BW	4		4		4					
躯干循环													

初级运动员第9周力量训练计划C1。

第10周

练习动作	速度	休息	强度	目标									
				次数	负重	次数	负重	次数	负重	次数	负重	次数	负重
连续跳远		2.5分	BW	4		4		4					
实心球俯冲投掷	爆发性	2分	6千克	5		5		5					
下蹲翻		3分	70%1RM	4		4		4					
平板杠铃卧推	2, 0, 1	2.5分	6RM	5		5		5					
罗马尼亚硬拉	2, 0, 1	2.5分	8RM	6		6		6					

初级运动员第10周力量训练计划A2。

练习动作	速度	休息	强度	目标									
				次数	负重	次数	负重	次数	负重	次数	负重	次数	负重
直腿跳		2分	BW	10		10		10		10			
冲刺跨步跳*	爆发性	2.5分	BW	20米		20米							
下落跳上跳箱**		2.5分	BW	4		4		4					
正手引体向上	2, 0, 1	2.5分	BW	TF		TF		TF					
单腿臀推	2, 0, 1	2分	8RM	6		6		6					

*：用距离代替次数；**：跳箱高度从中等到低排列。
初级运动员第10周力量训练计划B2。

练习动作	速度	休息	强度	目标									
				次数	负重	次数	负重	次数	负重	次数	负重	次数	负重
初级障碍反弹跳	X, X, X	2.5分	BW	4		4		4					
实心球后抛	X, X, X	2.5分	6千克	4		4		4					
站姿肩上推举	2, 0, 1	2.5分	7RM	6		6		6					
背蹲	X, X, X	3分	6RM	5		5		5					
跳箱	X, X, X	2分	BW	4		4		4					
躯干循环													

初级运动员第10周力量训练计划C2。

第11周

练习动作	速度	休息	强度	目标									
				次数	负重	次数	负重	次数	负重	次数	负重	次数	负重
连续跳远		2.5分	BW	4		4		4					
实心球俯冲投掷	爆发性	2分	6千克	5		5		5					
下蹲翻		3分	70%1RM	4		4		4		4			
平板杠铃卧推	2，0，1	2.5分	6RM	5		5		5		5			
罗马尼亚硬拉	2，0，1	2.5分	8RM	6		6		6		6			

初级运动员第11周力量训练计划A3。

练习动作	速度	休息	强度	目标									
				次数	负重	次数	负重	次数	负重	次数	负重	次数	负重
直腿跳		2分	BW	10		10		10		10			
冲刺跨步跳*	爆发性	2.5分	BW	25米		25米		25米					
下落跳上跳箱**		2.5分	BW	4		4		4		4			
正手引体向上	2，0，1	2.5分	BW	TF		TF		TF					
单腿臀推	2，0，1	2分	7RM	6		6		6					
躯干循环													

*：用距离代替次数；**：跳箱高度从中等到低排列。
初级运动员第11周力量训练计划B3。

练习动作	速度	休息	强度	目标									
				次数	负重	次数	负重	次数	负重	次数	负重	次数	负重
直腿跳		2分	BW	10		10		10		10			
冲刺跨步跳*	爆发性	2.5分	BW	25米		25米		25米					
下落跳上跳箱**		2.5分	BW	4		4		4		4			
正手引体向上	2，0，1	2.5分	BW	TF		TF		TF					
躯干循环													

*：用距离代替次数；**：跳箱高度从中等到低排列。
初级运动员第11周力量训练计划C3。

第12周

练习动作	速度	休息	强度	目标									
				次数	负重	次数	负重	次数	负重	次数	负重	次数	负重
连续跳远		2.5分	BW	4		4							
实心球俯冲投掷	爆发性	2分	6千克	5		5							
下蹲翻		3分	70%1RM	4		4							
平板杠铃卧推	2，0，1	2.5分	6RM	5		5							
罗马尼亚硬拉	2，0，1	2.5分	8RM	6		6							

初级运动员第12周力量训练计划A4。

练习动作	速度	休息	强度	目标									
				次数	负重	次数	负重	次数	负重	次数	负重	次数	负重
直腿跳		2分	BW	10		10		10					
冲刺跨步跳*	爆发性	2.5分	BW	25米		25米		25米					
下落跳上跳箱**		2.5分	BW	4		4		4					
正手引体向上	2，0，1	2.5分	BW	TF		TF		TF					
单腿臀推	2，0，1	2分	6RM	5		5							

*：用距离代替次数；**：跳箱高度从中等到低排列。
初级运动员第12周力量训练计划B4。

练习动作	速度	休息	强度	目标									
				次数	负重	次数	负重	次数	负重	次数	负重	次数	负重
初级障碍反弹跳	X，X，X	2.5分	BW	4		4							
实心球后抛	X，X，X	2.5分	6千克	4		4							
站姿肩上推举	2，0，1	2.5分	7RM	6		6							
背蹲	X，X，X	3分	6RM	5		5							
跳箱	X，X，X	2分	BW	4		4							
躯干循环													

初级运动员第12周力量训练计划C4。

专项准备期1：中级运动员周期训练计划

第9周

练习动作	速度	休息	强度	目标									
				次数	负重	次数	负重	次数	负重	次数	负重	次数	负重
下落跳上跳箱*		3分	BW	4		4		4					
跨步跳**		5分	BW	20米		20米		20米					
障碍弹跳***	爆发性	2.5分	BW	4		4		4					
单腿跳		3分	BW	5		5		5					
躯干循环													

*：跳箱高度从中等到低排列；**：用距离代替次数；***：障碍物中等高度。
中级运动员第9周力量训练计划A1。

练习动作	速度	休息	强度	目标									
				次数	负重	次数	负重	次数	负重	次数	负重	次数	负重
下蹲翻	X，X，X	3分	75%1RM	4		4		4		4			
深蹲	2，0，1	3分	6RM	5		5		5		5			
跳箱	X，X，X		BW	4		4		4		4			
平板杠铃卧推	2，0，1	3分	6RM	5		5		5		5			
增强式俯卧撑	X，X，X		BW	4		4		4		4			
单腿臀推	2，0，1	2分	8RM	6		6		6					

中级运动员第9周力量训练计划B1。注意，表格内两行阴影颜色相同时，表明这两项练习应该作为一个超级组进行。即第一项练习结束之后应该立即进行第二项练习，然后在重复该过程所需的组数之前，进行一段时间的休息。

练习动作	速度	休息	强度	目标									
				次数	负重	次数	负重	次数	负重	次数	负重	次数	负重
雪橇加速冲刺*	X，X，X	4分	10%BW	15米		15米		15米		15米			
负重反向跳	X，X，X	3分	20%BW	4		4		4		4			
连续跳远	X，X，X	3分	BW	4		4		4		4			
臀腿抬高	2，0，1	2分	8RM	6		6		6		6			
负重正手引体向上	2，0，1	3分	5RM	4		4		4		4			

*：用距离代替次数。
中级运动员第9周力量训练计划C1。

第10周

练习动作	速度	休息	强度	目标									
				次数	负重	次数	负重	次数	负重	次数	负重	次数	负重
下落跳上跳箱*		3分	BW	4		4		4		4			
跨步跳**	爆发性	5分	BW	20米		20米		20米					
障碍弹跳***		2.5分	BW	4		4		4		4			
单腿跳		3分	BW	5		5		5					
躯干循环													

*：跳箱高度从中等到低排列；　**：用距离代替次数；　***：障碍物中等高度。
中级运动员第10周力量训练计划A2。

练习动作	速度	休息	强度	目标									
				次数	负重	次数	负重	次数	负重	次数	负重	次数	负重
下蹲翻	X，X，X	3分	80%1RM	4		4		4		4			
深蹲	2，0，1	3分	5RM	4		4		4		4		4	
跳箱	X，X，X		BW	4		4		4		4		4	
平板杠铃卧推	2，0，1	3分	6RM	5		5		5		5			
增强式俯卧撑	X，X，X		BW	4		4		4		4			
单腿臀推	2，0，1	2分	7RM	5		5		5		5			

中级运动员第10周力量训练计划B2。注意，表格内两行阴影颜色相同时，表明这两项练习应该作为一个超级组进行。即第一项练习结束之后应该立即进行第二项练习，然后在重复该过程所需的组数之前，进行一段时间的休息。

练习动作	速度	休息	强度	目标									
				次数	负重	次数	负重	次数	负重	次数	负重	次数	负重
雪橇加速冲刺*	X，X，X	4分	10%BW	20米		20米		20米		20米		20米	
负重反向跳	X，X，X	3分	20%BW	4		4		4		4			
连续跳远	X，X，X	3分	BW	4		4		4		4		4	
臀腿抬高	2，0，1	2.5分	6RM	5		5		5		5			
负重正手引体向上	2，0，1	3分	4RM	3		3		3		3			

*：用距离代替次数。
中级运动员第10周力量训练计划C2。

第11周

练习动作	速度	休息	强度	目标							
				次数	负重	次数	负重	次数	负重	次数	负重	次数	负重
下落跳上跳箱*		3分	BW	4		4		4		4	
跨步跳**	爆发性	5分	BW	25米		25米		25米		25米	
障碍弹跳***		2.5分	BW	4		4		4		4	
单腿跳		3分	BW	5		5		5		5	
躯干循环											

*：跳箱高度中等；**：用距离代替次数；***：障碍物中等高度。
中级运动员第11周力量训练计划A3。

练习动作	速度	休息	强度	目标							
				次数	负重	次数	负重	次数	负重	次数	负重	次数	负重
下蹲翻	X，X，X	3分	80%1RM	4		4		4		4		4	
深蹲	2，0，1	3分	5RM	4		4		4		4		4	
跳箱	X，X，X		BW	4		4		4		4		4	
平板杠铃卧推	2，0，1	3分	5RM	4		4		4		4	
增强式俯卧撑	X，X，X		BW	4		4		4		4	
单腿臀推	2，0，1	2分	6RM	5		5		5		5	

中级运动员第11周力量训练计划B3。注意，表格内两行阴影颜色相同时，表明这两项练习应该作为一个超级组进行。即第一项练习结束之后应该立即进行第二项练习，然后在重复该过程所需的组数之前，进行一段时间的休息。

练习动作	速度	休息	强度	目标							
				次数	负重	次数	负重	次数	负重	次数	负重	次数	负重
雪橇加速冲刺*	X，X，X	4分	10%BW	25米		25米		25米		25米		25米	
负重反向跳	X，X，X	3分	30%BW	4		4		4		4		4	
连续跳远	X，X，X	3分	BW	4		4		4		4		4	
臀腿抬高	2，0，1	2.5分	5RM	4		4		4		4	
负重正手引体向上	2，0，1	3分	4RM	3		3		3		3	

*：用距离代替次数。
中级运动员第11周力量训练计划C3。

第12周

练习动作	速度	休息	强度	次数	负重	次数	负重	次数	负重	次数	负重	次数	负重
下落跳上跳箱*		3分	BW	4		4							
跨步跳**	爆发性	5分	BW	25米		25米							
障碍弹跳***		2.5分	BW	4		4							
单腿跳		3分	BW	5		5							
躯干循环													

*：跳箱高度中等；**：用距离代替次数；***：障碍物中等高度。
中级运动员第12周力量训练计划A4。

练习动作	速度	休息	强度	次数	负重	次数	负重	次数	负重	次数	负重	次数	负重
下蹲翻	X，X，X，X	3分	85%1RM	4		4							
深蹲	2，0，1，0	3.5分	4RM	3		3							
跳箱	X，X，X，X		BW	4		4							
平板杠铃卧推	2，0，1，0	3.5分	4RM	3		3							
增强式俯卧撑	X，X，X，X		BW	4		4							
单腿臀推	2，0，X，X	2.5分	5RM	3		3							

中级运动员第12周力量训练计划B4。注意，表格内两行阴影颜色相同时，表明这两项练习应该作为一个超级组进行。即第一项练习结束之后应该立即进行第二项练习，然后在重复该过程所需的组数之前，进行一段时间的休息。

练习动作	速度	休息	强度	次数	负重	次数	负重	次数	负重	次数	负重	次数	负重
雪橇加速冲刺*	X，X，X	4分	10%BW	25米		25米							
负重反向跳	X，X，X	3分	30%BW	4		4							
连续跳远	X，X，X	3分	BW	4		4							
臀腿抬高	2，0，1	2.5分	5RM	4		4							
负重正手引体向上	2，0，1	3分	4RM	3		3							

*：用距离代替次数。
中级运动员第12周力量训练计划C4。

专项准备期1：高级运动员周期训练计划

第9周

练习动作	速度	休息	强度	目标									
				次数	负重	次数	负重	次数	负重	次数	负重	次数	负重
下落跳上跳箱*		3分	BW	4		4		4					
跨步跳**		5分	BW	30米		30米		30米					
高级障碍反弹跳	爆发性	2.5分	BW	5		5		5					
单腿跳		3分	BW	6		6		6					
躯干循环													

*：跳箱高度中等；**：用距离代替次数。
高级运动员第9周力量训练计划A1。

练习动作	速度	休息	强度	目标									
				次数	负重	次数	负重	次数	负重	次数	负重	次数	负重
下蹲翻	X，X，X	3分	80%1RM	3		3		3		3			
深蹲	2，0，1	3分	5RM，4RM，5RM，4RM，5RM	4		3		4		3		4	
跳箱	X，X，X		BW	4		4		4		4		4	
平板杠铃卧推	2，0，1	3分	5RM，4RM，5RM，4RM，5RM	4		3		4		3			
增强式俯卧撑	X，X，X		BW	4		4		4		4			
单腿臀推	2，0，X	2.5分	6RM	4		4		4		4			

高级运动员第9周力量训练计划B1。注意，表格内两行阴影颜色相同时，表明这两项练习应该作为一个超级组进行。即第一项练习结束之后应该立即进行第二项练习，然后在重复该过程所需的组数之前，进行一段时间的休息。

练习动作	速度	休息	强度	目标									
				次数	负重	次数	负重	次数	负重	次数	负重	次数	负重
雪橇加速冲刺*	X，X，X	4分	20%BW	20米		20米		20米		20米			
负重反向跳	X，X，X	3分	30%BW	5		5		5		5			
连续跳远	X，X，X	3分	BW	4		4		4		4			
臀腿抬高	2，0，1	2分	6RM	5		5		5		5			
负重正手引体向上	2，0，1	3分	5RM，4RM，5RM，4RM	4		3		4		3			

*：用距离代替次数。
高级运动员第9周力量训练计划C1。

第10周

练习动作	速度	休息	强度	目标									
				次数	负重	次数	负重	次数	负重	次数	负重	次数	负重
下落跳上跳箱*		3分	BW	4		4		4					
跨步跳	爆发性	5分	BW	30米		30米		30米		30米			
高级障碍反弹跳		2.5分	BW	5		5		5					
单腿跳		3分	BW	6		6		6		6			
躯干循环													

*：跳箱高度中等。

高级运动员第10周力量训练计划A2。

练习动作	速度	休息	强度	目标									
				次数	负重	次数	负重	次数	负重	次数	负重	次数	负重
下蹲翻	X，X，X	3.5分	85%1RM	3		3		3		3		3	
深蹲	2，0，1	3分	4RM，3RM，4RM，3RM，4RM	3		2		3		2		3	
跳箱	X，X，X		BW	4		4		4		4		4	
平板杠铃卧推	2，0，1	3分	4RM，3RM，4RM，3RM，4RM	3		2		3		2			
增强式俯卧撑	X，X，X		BW	4		4		4		4			
单腿臀推	2，0，X	2.5分	4RM	2		2		2		2			

高级运动员第10周力量训练计划B2。注意，表格内两行阴影颜色相同时，表明这两项练习应该作为一个超级组进行。即第一项练习结束之后应该立即进行第二项练习，然后在重复该过程所需的组数之前，进行一段时间的休息。

练习动作	速度	休息	强度	目标									
				次数	负重	次数	负重	次数	负重	次数	负重	次数	负重
雪橇加速冲刺*	X，X，X	4分	15%BW	25米		25米		25米		25米			
负重反向跳	X，X，X	3分	40%BW	4		4		4		4		4	
连续跳远	X，X，X	3分	BW	4		4		4		4			
臀腿抬高	2，0，1	2.5分	5RM	4		4		4		4		4	
负重正手引体向上	2，0，1	3分	5RM，4RM，5RM，4RM，5RM，	4		3		4		3		4	

*：用距离代替次数。

高级运动员第10周力量训练计划C2。

第11周

练习动作	速度	休息	强度	目标									
				次数	负重	次数	负重	次数	负重	次数	负重	次数	负重
下落跳上跳箱*	爆发性	3分	BW	4		4		4					
跨步跳**		5分	BW	30米		30米		30米		30米			
高级障碍弹跳		2.5分	BW	5		5		5		5			
单腿跳		3分	BW	6		6		6		6			
躯干循环													

*：跳箱高度中等；**：用距离代替次数。
高级运动员第11周力量训练计划A3。

练习动作	速度	休息	强度	目标									
				次数	负重	次数	负重	次数	负重	次数	负重	次数	负重
下蹲翻	X，X，X	3.5分	85%~90%1RM	3		2		3		2		2	
跳箱	X，X，X	2分	BW	5		5		5		5			
平板杠铃卧推	2，0，1	4分	34RM，34RM，24RM，2RM，1RM	2		2		1		1		1	
单腿臀推	2，0，X	2.5分	3RM	2		2		2		2			

高级运动员第11周力量训练计划B3。

练习动作	速度	休息	强度	目标									
				次数	负重	次数	负重	次数	负重	次数	负重	次数	负重
雪橇加速冲刺*	X，X，X	5分	10%BW	30米		30米		30米		30米		30米	
负重反向深蹲跳	X，X，X	4分	30%BW	3		3		3		3		3	
负重正手引体向上	2，0，1	3.5分	4RM，3RM，4RM，3RM，4RM	3		3		3		3		3	
臀腿抬高	2，0，1	3分	4RM	3		2		2		3		3	

*：用距离代替次数。
高级运动员第11周力量训练计划C3。

第12周

练习动作	速度	休息	强度	目标										
				次数	负重	次数	负重	次数	负重	次数	负重	次数	负重
下落跳上跳箱*		3分	BW	4		4							
跨步跳**	爆发性	5分	BW	25米		25米							
障碍弹跳		2.5分	BW	4		4							
单腿跳		3分	BW	5		5							
躯干循环													

*：跳箱高度中等；**：用距离代替次数。
高级运动员第12周力量训练计划A4。

练习动作	速度	休息	强度	目标										
				次数	负重	次数	负重	次数	负重	次数	负重	次数	负重
下蹲翻	X，X，X	3分	85%1RM	4		4							
深蹲	2，0，1	3.5分	4RM	3		3							
跳箱	X，X，X		BW	4		4							
平板杠铃卧推	2，0，1	3.5分	4RM	3		3							
增强式俯卧撑	X，X，X		BW	4		4							

高级运动员第12周力量训练计划B4。

练习动作	速度	休息	强度	目标										
				次数	负重	次数	负重	次数	负重	次数	负重	次数	负重
雪橇加速冲刺*	X，X，X	4分	10%BW	25米		25米							
负重反向跳	X，X，X	3分	30%BW	4		4							
连续跳远	X，X，X	3分	BW	4		4							
臀腿抬高	2，0，1	2.5分	5RM	4		4							
负重正手引体向上	2，0，1	3分	4RM	3		3							

*：用距离代替次数。
高级运动员第12周力量训练计划C4。

专项准备期2：初级运动员周期训练计划

第13周

练习动作	速度	休息	强度	目标										
				次数	负重	次数	负重	次数	负重	次数	负重	次数	负重
连续跳远		3分	BW	5		5		5					
实心球俯冲投掷	爆发性	2分	8千克	4		4		4					
下蹲翻		3分	75%1RM	4		4		4					
平板杠铃卧推	2，0，1	2.5分	5RM	4		4		4					
罗马尼亚硬拉	2，0，1	2.5分	6RM	5		5		5					

初级运动员第13周力量训练计划A1。

练习动作	速度	休息	强度	目标										
				次数	负重	次数	负重	次数	负重	次数	负重	次数	负重
直腿跳		2分	BW	10		10		10		10			
冲刺跨步跳*	爆发性	3分	BW	25米		25米		25米					
连续跳上跳箱**		2.5分	BW	4		4		4					
正手引体向上	2，0，1	2.5分	BW	TF		TF		TF					

*：用距离代替次数；**：跳箱高度中等。
初级运动员第13周力量训练计划B1。

练习动作	速度	休息	强度	目标										
				次数	负重	次数	负重	次数	负重	次数	负重	次数	负重
初级障碍反弹跳	X，X，X	2.5分	BW	5		5		5					
实心球后抛	X，X，X	2.5分	8千克	4		4		4					
站姿肩上推举	2，0，1	2.5分	6RM	5		5		5					
背蹲	X，X，X	3分	5RM	4		4		4					
跳箱	X，X，X	2分	BW	4		4		4					
躯干循环													

初级运动员第13周力量训练计划C1。

第14周

练习动作	速度	休息	强度	目标									
				次数	负重	次数	负重	次数	负重	次数	负重	次数	负重
连续跳远		3分	BW	5		5		5					
实心球俯冲投掷	爆发性	2分	8千克	4		4		4					
悬垂下蹲翻		3分	70%1RM	4		4		4					
平板杠铃卧推	2，0，1	2.5分	5RM	4		4		4					
罗马尼亚硬拉	2，0，1	2.5分	6RM	5		5		5					

初级运动员第14周力量训练计划A2。

练习动作	速度	休息	强度	目标									
				次数	负重	次数	负重	次数	负重	次数	负重	次数	负重
直腿跳		2分	BW	10		10		10		10			
冲刺跨步跳*	爆发性	3分	BW	25米		25米		25米		25米			
下落跳上跳箱**		2.5分	BW	4		4		4		4			
正手引体向上	2，0，1	2.5分	BW	TF		TF		TF					

*：用距离代替次数；**：跳箱高度中等。
初级运动员第14周力量训练计划B2。

练习动作	速度	休息	强度	目标									
				次数	负重	次数	负重	次数	负重	次数	负重	次数	负重
初级障碍反弹跳	X，X，X	2.5分	BW	5		5		5					
实心球后抛	X，X，X	2.5分	8千克	4		4		4					
站姿肩上推举	2，0，1	2.5分	6RM	5		5		5					
背蹲	X，X，X	3分	5RM	4		4		4					
跳箱	X，X，X	2分	BW	4		4		4					
躯干循环													

初级运动员第14周力量训练计划C2。

第15周

练习动作	速度	休息	强度	目标									
				次数	负重	次数	负重	次数	负重	次数	负重	次数	负重
连续跳远	爆发性	3分	BW	5		5		5					
实心球俯冲投掷		2分	8千克	4		4		4					
悬垂下蹲翻		3分	65%1RM	4		4		4		4			
爆发式上台阶		3分	20%BW	4		4		4					
躯干循环													

初级运动员第15周力量训练计划A3。

练习动作	速度	休息	强度	目标									
				次数	负重	次数	负重	次数	负重	次数	负重	次数	负重
直腿跳	爆发性	2分	BW	10		10		10		10			
冲刺跨步跳*		3分	BW	30米		30米		30米		30米			
下落跳上跳箱**		2.5分	BW	4		4		4		4			
躯干循环													

*：用距离代替次数；**：跳箱高度中等。
初级运动员第15周力量训练计划B3。

练习动作	速度	休息	强度	目标									
				次数	负重	次数	负重	次数	负重	次数	负重	次数	负重
冲刺跨步跳*	X，X，X	2.5分	BW	30米		30米		30米		30米			
初级障碍反弹跳	X，X，X	2.5分	BW	5		5		5		5			
实心球后抛	X，X，X	2.5分	8千克	4		4		4		4			
跳箱	X，X，X	2分	BW	4		4		4					
躯干循环													

*：用距离代替次数。
初级运动员第15周力量训练计划C3。

第16周

练习动作	速度	休息	强度	目标									
				次数	负重	次数	负重	次数	负重	次数	负重	次数	负重
连续跳远	爆发性	3分	BW	5		5							
实心球俯冲投掷		2分	8千克	4		4							
悬垂下蹲翻		3分	65%1RM	4		4							
爆发式上台阶		3分	20%BW	4		4							
躯干循环													

初级运动员第16周力量训练计划A4。

练习动作	速度	休息	强度	目标									
				次数	负重	次数	负重	次数	负重	次数	负重	次数	负重
直腿跳	爆发性	2分	BW	10		10							
冲刺跨步跳*		3分	BW	30米		30米							
下落跳上跳箱**		2.5分	BW	4		4							
躯干循环													

*：用距离代替次数；**：跳箱高度中等。
初级运动员第16周力量训练计划B4。

练习动作	速度	休息	强度	目标									
				次数	负重	次数	负重	次数	负重	次数	负重	次数	负重
冲刺跨步跳*	X，X，X	2.5分	BW	30米		30米							
初级障碍反弹跳	X，X，X	2.5分	BW	5		5							
实心球后抛	X，X，X	2.5分	8千克	4		4							
跳箱	X，X，X	2分	BW	4		4							
躯干循环													

*：用距离代替次数。
初级运动员第16周力量训练计划C4。

专项准备期2：中级运动员周期训练计划

第13周

练习动作	速度	休息	强度	目标									
				次数	负重	次数	负重	次数	负重	次数	负重	次数	负重
雪橇加速冲刺*		3分	10%BW	20米		20米		20米					
单腿跳		3分	BW	5		5		5					
实心球后抛	爆发性	2.5分	8千克	4		4		4					
背蹲		3分	4RM	3		3		3					
躯干循环													

*：用距离代替次数。
中级运动员第13周力量训练计划A1。

练习动作	速度	休息	强度	目标									
				次数	负重	次数	负重	次数	负重	次数	负重	次数	负重
下蹲翻		3.5分	75%1RM	4		4		4					
爆发式上台阶	爆发性	3分	20%BW	4		4		4					
实心球俯冲投掷		3分	8千克	4		4		4					
臀腿抬高	2，0，1	3分	5RM	4		4		4					
实心球单腿罗马尼亚硬拉	2，0，1	2分	8RM	6		6		6					

中级运动员第13周力量训练计划B1。

练习动作	速度	休息	强度	目标									
				次数	负重	次数	负重	次数	负重	次数	负重	次数	负重
负重背心冲刺跑*		5分	<5%**	20米		20米		20米					
跨步跳*	爆发性	4分	BW	25米		25米		25米					
中级障碍反弹跳		3分	BW	5		5		5					
负重正手引体向上	2，0，1	3分	4RM	3		3		3					
躯干循环													

*：用距离代替次数；**：小于5%最大速度衰减的负重。
中级运动员第13周力量训练计划C1。

第14周

练习动作	速度	休息	强度	目标									
				次数	负重	次数	负重	次数	负重	次数	负重	次数	负重
雪橇加速冲刺*	爆发性	3分	10%BW	20米		20米		20米		20米			
单腿跳		3分	BW	5		5		5					
实心球后抛		2.5分	10千克	4		4		4		4			
立定跳远		2.5分	BW	4		4		4					
躯干循环													

*：用距离代替次数。
中级运动员第14周力量训练计划A2。

练习动作	速度	休息	强度	目标									
				次数	负重	次数	负重	次数	负重	次数	负重	次数	负重
下蹲翻	爆发性	3分	75%1RM	3		3		3		3			
爆发式上台阶		3分	30%BW	4		4		4		4			
实心球俯冲投掷		3分	8千克	4		4		4					
臀腿抬高	2，0，1	3分	5RM	4		4		4		4			
实心球单腿罗马尼亚硬拉	2，0，1	2分	8RM	6		6		6					

中级运动员第14周力量训练计划B2。

练习动作	速度	休息	强度	目标									
				次数	负重	次数	负重	次数	负重	次数	负重	次数	负重
负重背心冲刺跑*	爆发性	5分	<5%**	25米		25米		25米					
跨步跳*		4分	BW	25米		25米		25米					
中级障碍反弹跳		3分	BW	5		5		5		5			
下落跳上跳箱***		2.5分	BW	4		4		4					
躯干循环													

*：用距离代替次数；**：小于5%最大速度衰减的负重；***：跳箱高度中等。
中级运动员第14周力量训练计划C2。

第15周

练习动作	速度	休息	强度	目标									
				次数	负重	次数	负重	次数	负重	次数	负重	次数	负重
雪橇加速冲刺*	爆发性	3分	10%BW	25米		25米		25米		25米			
单腿跳		3分	BW	5		5		5		5			
实心球后抛		2.5分	10千克	4		4		4		4			
立定跳远		2.5分	BW	4		4		4		4			
躯干循环													

*：用距离代替次数。
中级运动员第15周力量训练计划A3。

练习动作	速度	休息	强度	目标									
				次数	负重	次数	负重	次数	负重	次数	负重	次数	负重
下蹲翻	爆发性	3分	70%1RM	3		3		3		3			
爆发式上台阶		3分	30%BW	4		4		4		4			
实心球俯冲投掷		3分	8千克	4		4		4		4			
臀腿抬高	2，0，1	3分	5RM	4		4		4		4			
实心球单腿罗马尼亚硬拉	2，0，1	2分	8RM	6		6		6					

中级运动员第15周力量训练计划B3。

练习动作	速度	休息	强度	目标									
				次数	负重	次数	负重	次数	负重	次数	负重	次数	负重
负重背心冲刺跑*	爆发性	5分	<5%**	25米		25米		25米		25米			
跨步跳*		4分	BW	30米		30米		30米		30米			
中级障碍反弹跳		3分	BW	5		5		5		5			
下落跳上跳箱***		2.5分	BW	4		4		4		4			
躯干循环													

*：用距离代替次数；**：小于5%最大速度衰减的负重；***：跳箱高度中等。
中级运动员第15周力量训练计划C3。

第16周

练习动作	速度	休息	强度	目标									
				次数	负重	次数	负重	次数	负重	次数	负重	次数	负重
雪橇加速冲刺*	爆发性	3分	10%BW	25米		25米							
单腿跳		3分	BW	5		5							
实心球后抛		2.5分	10千克	4		4							
立定跳远		2.5分	BW	4		4							
躯干循环													

*：用距离代替次数。
中级运动员第16周力量训练计划A4。

练习动作	速度	休息	强度	目标									
				次数	负重	次数	负重	次数	负重	次数	负重	次数	负重
下蹲翻	爆发性	3分	65%1RM	3		3							
爆发式上台阶		3分	20%BW	4		4							
实心球俯冲投掷		3分	8千克	4		4							
臀腿抬高	2，0，1	3分	5RM	4		4							
实心球单腿罗马尼亚硬拉	2，0，1	2分	6RM	4		4							

中级运动员第16周力量训练计划B4。

练习动作	速度	休息	强度	目标									
				次数	负重	次数	负重	次数	负重	次数	负重	次数	负重
负重背心冲刺跑*	爆发性	5分	<5%**	25米		25米							
跨步跳*		4分	BW	30米		30米							
中级障碍反弹跳		3分	BW	5		5							
下落跳上跳箱***		2.5分	BW	4		4							
躯干循环													

*：用距离代替次数；**：小于5%最大速度衰减的负重；***：跳箱高度中等。
中级运动员第16周力量训练计划C4。

专项准备期2：高级运动员周期训练计划

第13周

练习动作	速度	休息	强度	目标									
				次数	负重	次数	负重	次数	负重	次数	负重	次数	负重
雪橇加速冲刺*	爆发性	4分	10%BW	30米		30米		30米		30米		30米	
单腿跳		4分	BW	7		7		7		7		7	
连续跳远		3分	BW	5		5		5		5			
实心球后抛		2.5分	10千克	4		4		4		4			
躯干循环													

*：用距离代替次数；
高级运动员第13周力量训练计划A1。

练习动作	速度	休息	强度	目标									
				次数	负重	次数	负重	次数	负重	次数	负重	次数	负重
下蹲翻	爆发性	3.5分	85%1RM	2		2		2		2		2	
爆发式上台阶		3分	30%BW	4		4		4		4			
实心球俯冲投掷		3分	10千克	4		4		4		4			
臀腿抬高	2, 0, 1	3分	4RM	3		3		3		3		3	
实心球单腿罗马尼亚硬拉	2, 0, 1	2分	6RM	4		4		4		4			

高级运动员第13周力量训练计划B1。

练习动作	速度	休息	强度	目标									
				次数	负重	次数	负重	次数	负重	次数	负重	次数	负重
负重背心冲刺跑*	爆发性	5分	<10%**	20米		20米		20米		20米			
跨步跳*		4分	BW	40米		40米		40米					
下落跳上跳箱***		3分	BW	4		4		4		4			
高级障碍反弹跳		4分	BW	6		6		6		6		6	
躯干循环													

*：用距离代替次数；**：小于10%最大速度衰减的负重；***：跳箱高度高。
高级运动员第13周力量训练计划C1。

第14周

练习动作	速度	休息	强度	目标									
				次数	负重	次数	负重	次数	负重	次数	负重	次数	负重
雪橇加速冲刺*	爆发性	4分	10%BW	30米		30米		30米		30米		30米	
单腿跳		4分	BW	7		7		7		7		7	
连续跳远		3分	BW	5		5		5		5			
实心球后抛		2.5分	10千克	4		4		4		4			
躯干循环													

*：用距离代替次数。
高级运动员第14周力量训练计划A2。

练习动作	速度	休息	强度	目标									
				次数	负重	次数	负重	次数	负重	次数	负重	次数	负重
下蹲翻		3.5分	70%1RM	3		3		3		3		3	
爆发式上台阶	爆发性	3分	40%BW	4		4		4		4			
实心球俯冲投掷		3分	10千克	4		4		4		4			
臀腿抬高	2，0，1	3分	4RM	3		3		3		3		3	
实心球单腿罗马尼亚硬拉	2，0，1	2分	6RM	4		4		4		4			

高级运动员第14周力量训练计划B2。

练习动作	速度	休息	强度	目标									
				次数	负重	次数	负重	次数	负重	次数	负重	次数	负重
负重背心冲刺跑*		5分	<10%**	30米		30米		30米		30米		30米	
跨步跳	爆发性	4分	BW	40米		40米							
下落跳上跳箱***		3分	BW	4		4		4					
高级障碍反弹跳		4分	BW	6		6		6		6		6	
躯干循环													

*：用距离代替次数；**：小于10%最大速度衰减的负重；***：跳箱高度高。
高级运动员第14周力量训练计划C2。

第15周

练习动作	速度	休息	强度	目标									
				次数	负重	次数	负重	次数	负重	次数	负重	次数	负重
雪橇加速冲刺*	爆发性	4分	8%BW	35米		35米		35米		35米			
实心球后抛		2.5分	10千克	4		4		4		4			
躯干循环													

*：用距离代替次数。
高级运动员第15周力量训练计划A3。

练习动作	速度	休息	强度	目标									
				次数	负重	次数	负重	次数	负重	次数	负重	次数	负重
悬垂下蹲翻	爆发性	3分	65%1RM	3		3		3		3		3	
实心球俯冲投掷		3分	10千克	4		4		4		4			
臀腿抬高	2，0，1	3.5分	3RM	2		2		2		2		2	
实心球单腿罗马尼亚硬拉	2，0，1	2.5分	5RM	4		4		4		4			

高级运动员第15周力量训练计划B3。

练习动作	速度	休息	强度	目标									
				次数	负重	次数	负重	次数	负重	次数	负重	次数	负重
负重背心冲刺跑*	爆发性	5分	<10%**	30米		30米		30米					
跨步跳*		4分	BW	40米		40米		40米		40米			
下落跳上跳箱***		3分	BW	4		4		4		4		4	
高级障碍反弹跳		4分	BW	6		6		6					
躯干循环													

*：用距离代替次数；**：小于10%最大速度衰减的负重；***：跳箱高度高。
高级运动员第15周力量训练计划C3。

第16周

练习动作	速度	休息	强度	目标									
				次数	负重	次数	负重	次数	负重	次数	负重	次数	负重
雪橇加速冲刺*	爆发性	5分	5%BW	35米		35米		35米		35米		35米	
单腿跳		5分	BW	8		8		8		8			
躯干循环													

*：用距离代替次数。
高级运动员第16周力量训练计划A4。

练习动作	速度	休息	强度	目标									
				次数	负重	次数	负重	次数	负重	次数	负重	次数	负重
悬垂下蹲翻		3分	65%1RM	3		3		3		3		3	
爆发式上台阶	爆发性	3分	30%BW	4		4		4		4		4	
实心球俯冲投掷		3分	10千克	4		4		4		4			

高级运动员第16周力量训练计划B4。

练习动作	速度	休息	强度	目标									
				次数	负重	次数	负重	次数	负重	次数	负重	次数	负重
跨步跳*	爆发性	5分	BW	40米		40米		40米		40米		40米	
高级障碍反弹跳		5分	BW	7		7		7		7			
躯干循环													

*：用距离代替次数。
高级运动员第16周力量训练计划C4。